Dr. Reinhard Hübner

Industriekaufmann Industriekauffrau

Kaufmännische Steuerung und Kontrolle

Prüfungstrainer Abschlussprüfung

Aufgabenteil

Bestell-Nr. 608

U-Form Verlag · Hermann Ullrich GmbH & Co. KG

Ihre Meinung ist uns wichtig!

Du hast Fragen, Anregungen oder Kritik zu diesem Produkt?

Das U-Form Team steht dir gerne Rede und Antwort.

Direkt auf

facebook.com/pruefungscheck

fragen, diskutieren, stöbern und weiteres Wichtige und Wissenswerte rund um Ausbildung erfahren

oder einfach eine kurze E-Mail an

feedback@u-form.de

Bitte beachten Sie:

Zu diesem Prüfungstrainer gehören auch noch ein Lösungsteil und ein Lösungsbogen.

Sollte es für diesen Prüfungstrainer Änderungen oder Korrekturen geben, so können diese unter **www.u-form.de/addons/608-1.zip** heruntergeladen werden. Ist die Seite nicht verfügbar, so sind keine Änderungen eingestellt.

COPYRIGHT

U-Form Verlag, Hermann Ullrich GmbH & Co. KG
Cronenberger Straße 58 · 42651 Solingen
Telefon 0212 22207-0 · Telefax 0212 208963
Internet: www.u-form.de · E-Mail: uform@u-form.de

12. Auflage 2014 · ISBN 978-3-88234-608-4

Mit dem vorliegenden Prüfungstrainer können Sie sich erfolgreich auf den Prüfungsbereich **Kaufmännische Steuerung und Kontrolle** der Abschlussprüfung zum Industriekaufmann/zur Industriekauffrau nach der **zz. gültigen Ausbildungsordnung vom 23. Juli 2002** vorbereiten.

Auf Seite 6 finden Sie Informationen darüber, wie dieser Prüfungsbereich in die gesamte Prüfung integriert ist. Der Kontenrahmen, der diesem Prüfungstrainer zugrunde gelegt wurde, ist der von der „Aufgabenstelle für kaufmännische Abschluss- und Zwischenprüfungen" (AkA) in Nürnberg herausgegebene „Industriekontenrahmen". Die Inhalte orientieren sich am Prüfungskatalog der AkA Nürnberg.

Aufbau des Prüfungstrainers

Der Prüfungstrainer besteht aus einem Aufgabenteil, einem Lösungsbogen und einem Lösungsteil.

Der Aufgabenteil enthält zahlreiche gebundene (programmierte) Aufgaben. Auf den folgenden Seiten erhalten Sie einige grundsätzliche Hinweise, wie diese Aufgabentypen zu lösen sind.

Die Aufgaben sind in sieben Aufgabenblöcke gegliedert. Die Aufgabenblöcke 1 bis 6 entsprechen in ihrer Struktur der Abschlussprüfung im Bereich Kaufmännische Steuerung und Kontrolle. Jeder dieser Aufgabenblöcke ist in sich geschlossen und enthält praxisnahe Aufgaben aus den Themengebieten Buchhaltung, Kosten- und Leistungsrechnung sowie Erfolgsrechnung und Abschluss. Die Aufgaben bauen aufeinander auf und sind – wie auch in diesem Bereich der Abschlussprüfung – gebunden.

Der Aufgabenblock 7 dient noch einmal der Wiederholung und Vertiefung einzelner Inhalte. Hier geht es vor allem um Verbuchungen, Ermitteln von Werten, Berechnungen etc. in weitgehend konventioneller Form.

Legen Sie den Lösungs- und Erläuterungsteil zunächst zur Seite und lösen Sie die Aufgaben. Ausführliche Anleitungen zur Bearbeitung der Aufgaben finden Sie auf Seite 7 – 12. Die dort beschriebene Vorgehensweise dient Ihrer eigenen Lernkontrolle. So können Sie sich selbst prüfen und feststellen, ob Sie Wissenslücken haben, die Sie mithilfe dieses Prüfungstrainers schließen können.

Der Lösungsteil enthält neben ausführlichen Erläuterungen auch Schaubilder mit wichtigen Informationen. Es lohnt sich also darauf zu achten.

Autor und Verlag wünschen Ihnen viel Erfolg bei Ihrer Prüfung!

Ihre Notizen

Inhaltsverzeichnis

Der Beruf des Industriekaufmanns/der Industriekauffrau nach der Ausbildungsordnung von 2002 wird bundeseinheitlich geprüft, d. h., er wird in fast allen Kammerbezirken einheitlich geprüft. Ausnahmen: Prüflinge aus den Kammerbezirken Bremen, Bremerhaven, Hamburg, Kiel und Lübeck sowie aus Baden-Württemberg sollten sich bei der für sie zuständigen Industrie- und Handelskammer informieren.

Nach der zz. geltenden Ausbildungsordnung von 2002 besteht die Abschlussprüfung aus vier Prüfungsbereichen:

1. Geschäftsprozesse	180 Minuten
2. Kfm. Steuerung und Kontrolle	90 Minuten
3. Wirtschafts- und Sozialkunde	60 Minuten
4. Einsatzgebiet: Präsentation und Fachgespräch	30 Minuten

Die Prüfungsbereiche 1 bis 3 sind schriftlich durchzuführen. Der Prüfungsbereich Einsatzgebiet besteht aus einer Präsentation und einem Fachgespräch.

Nach der Ausbildungsordnung soll der Prüfling im **Prüfungsbereich Kaufmännische Steuerung und Kontrolle** in höchstens 90 Minuten bis zu vier praxisbezogene Aufgaben aus den Bereichen Leistungsabrechnung unter Berücksichtigung des Controlling bearbeiten.

Nach dem Stoffkatalog umfasst dieser Prüfungsbereich die folgenden Gebiete/Funktionen:

Gebiet/Funktion		Aufgabenanteil ca. %
05	Leistungsabrechnung unter Berücksichtigung des Controllings	
	0501 Buchhaltungsvorgänge in Verbindung mit 04 Leistungserstellung, hier: 0401 Produkte und Dienstleistungen 0402 Prozessunterstützung	40
	0502 Kosten- und Leistungsrechnung in Verbindung mit 04 Leistungserstellung, hier: 0401 Produkte und Dienstleistungen 0402 Prozessunterstützung	40
	0503 Erfolgsrechnung und Abschluss	20
Gesamt		**100**

Weitere Inhalte, die im Zusammenhang mit den drei voranstehenden Funktionen (0501 bis 0503) geprüft werden können:

08 Information, Kommunikation, Arbeitsorganisation
    0801 Informationsbeschaffung und -verarbeitung
    0802 Informations- und Kommunikationssysteme
    0803 Planung und Organisation
    0804 Teamarbeit, Kommunikation und Präsentation
09 Integrative Unternehmensprozesse
    0903 Controlling
    0904 Finanzierung

Der Prüfling soll dabei zeigen, dass er Kosten erfassen, die betrieblichen Geld- und Wertströme analysieren sowie betriebswirtschaftliche Schlussfolgerungen daraus ableiten kann. Dieses Prüfungsgebiet wird anhand von gebundenen Aufgaben geprüft.

Entsprechend der Ausbildungsordnung enthält jeder der Aufgabenblöcke 1 bis 6 bis zu vier Aufgaben, die wiederum verschiedene Unteraufgaben umfassen.

„Gebunden" bedeutet, dass zur Lösung der Aufgabe keine Texte selbstständig gefunden werden müssen, da die Antworten im Aufgabentext bereits enthalten sind. Sie müssen nur richtig ausgesucht oder geordnet werden. Es gibt folgende Aufgabentypen:

Mehrfachwahlaufgabe

Hier werden mehrere Antworten vorgegeben, von denen **eine** richtig ist; die Kennziffer der richtigen Antwort ist in das für die Aufgabe vorgesehene Lösungskästchen auf dem Lösungsbogen (siehe Seite 12) einzutragen.

Beispiel:

---

1. Aufgabe

Im Rahmen der Nachkalkulation wurde festgestellt, dass die im Vertrieb angefallenen Kosten für Transportdienstleistungen im letzten Monat mit 958.563,20 € deutlich über den veranschlagten Normalkosten in Höhe von 824.658,00 € lagen. Auf Nachfrage teilt die Vertriebsabteilung mit, dass sich die transportierte Menge und die Transportentfernungen gegenüber den in der Vorkalkulation getroffenen Annahmen nicht signifikant verändert haben.

Worin könnte die Ursache für die aufgetretene Kostenabweichung liegen?

1. Im letzten Monat sind vermehrt Discounter beliefert worden. Dort muss der Spediteur für die Entladung der Ware eine Entladegebühr bezahlen.
2. Die Normalkosten basieren ausschließlich auf den Istkosten des Monats Dezember. Da in diesem Monat besonders viele arbeitsfreie Tage liegen, sind die Normalkosten zu gering.
3. Eine unerwartete starke Erhöhung der Dieselpreise hat dazu geführt, dass die Speditionen die Preise anheben mussten.
4. Die bereits seit einiger Zeit geplante Einführung einer Mautgebühr für LKW auf den Autobahnen hat dazu geführt, dass die Speditionen unerwartet die Preise angehoben haben.

Mehrfachantwortaufgabe

Hier werden mehrere Antworten vorgegeben, von denen **mehrere** richtig sind. Die Kennziffern der richtigen Antworten sind in **die** entsprechenden **Lösungskästchen** auf dem Lösungsbogen einzutragen. Die Anzahl der richtigen Antworten ist in der Aufgabe angegeben. **Für die Richtigkeit der Lösung spielt die Reihenfolge der Lösungsziffern keine Rolle.**

Beispiel:

---

2. Aufgabe

Bei welchen **2** der folgenden Kosten der CE AG handelt es sich um Kostenträgereinzelkosten?

1. Kosten für Wasser, Strom, Heizöl etc.
2. Kosten für die Beschaffung von Mahlwerken
3. Kosten für die Schaltung von Anzeigen in Tageszeitungen
4. Kosten für Kunststoffgranulat
5. Gehälter des Vorstands der CE AG

Zuordnungsaufgabe

Hier sind inhaltlich zusammengehörende Begriffe, Fakten, Vorgänge oder Regeln einander zuzuordnen. Dabei kann die Anzahl der links stehenden Zuordnungselemente größer, gleich (Beispiel) oder kleiner als die Anzahl der rechts stehenden Zielelemente sein. Um Flüchtigkeitsfehler beim Eintragen der Kennziffern in den Lösungsbogen zu vermeiden, empfehlen wir Ihnen, die Kennziffern der richtigen Antworten zunächst im Aufgabenteil in die hierfür vorgesehenen Kästchen einzutragen und erst dann die Kennziffern von links nach rechts in den Lösungsbogen zu übertragen. Achten Sie darauf, dass im Lösungsbogen die gleiche Reihenfolge wie im Aufgabenteil eingehalten wird. Die erste Lösungsziffer auf dem Aufgabenteil wird also als Erstes ganz links in das entsprechende Kästchen auf dem Lösungsbogen eingetragen, die zweite Stelle weiter rechts usw.

Beispiel:

---

3. Aufgabe

Bei der CE AG bildet der Industriekontenrahmen (IKR) die Grundlage des Kontenplans. In welcher Kontenklasse finden Sie laut IKR die jeweiligen Konten?

Ordnen Sie zu, indem Sie die Kennziffern der Kontenklassen des Industriekontenrahmens in die Kästchen neben den Kontenarten eintragen! Übertragen Sie anschließend Ihre senkrecht angeordneten Lösungsziffern in dieser Reihenfolge von links nach rechts in den Lösungsbogen!

Kontenklassen

1. Kontenklasse 2
2. Kontenklasse 3
3. Kontenklasse 4
4. Kontenklasse 5
5. Kontenklassen 6 und 7

Kostenarten

a) Aufwandskonten	5
b) Fremdkapital	3
c) Ertragskonten	4
d) Umlaufvermögen	1
e) Eigenkapital	2

Reihenfolgeaufgabe

Hier müssen Elemente, die durcheinander gewürfelt worden sind, wieder in die richtige Reihenfolge gebracht werden. Suchen Sie das erste Element heraus und tragen Sie die Ziffer „1" in das Kästchen daneben ein; suchen Sie dann das zweite Element heraus und tragen Sie die Ziffer „2" ein; fahren Sie in dieser Weise bis zum letzten Element fort! Um Flüchtigkeitsfehler beim Eintragen der Kennziffern in den Lösungsbogen zu vermeiden, empfehlen wir Ihnen auch hier, die Kennziffern der richtigen Antworten zunächst im Aufgabenteil in die hierfür vorgesehenen Kästchen einzutragen und erst dann die Kennziffern in den Lösungsbogen zu übertragen, wobei die erste Lösungsziffer im Aufgabenteil als Erstes ganz links in das entsprechende Kästchen auf dem Lösungsbogen eingetragen wird, die zweite eine Stelle weiter rechts usw.

Beispiel:

---

4. Aufgabe

Zwischen einem potenziellen Lieferanten von Informationsterminals aus Taiwan und Ihrem Ausbildungsbetrieb, der MM GmbH, bestehen bisher keine Geschäftsbeziehungen. Das Unternehmen möchte daher zur Abwicklung einer Transaktion das im internationalen Handel verbreitete Verfahren „Zahlung gegen Dokumentakkreditiv" einsetzen. In welcher Reihenfolge laufen bei diesem Verfahren die folgenden Einzelschritte ab?

Bringen Sie die Einzelschritte des Verfahrens in die richtige Reihenfolge, indem Sie die Ziffern 1 bis 8 in die Kästchen neben den Einzelschritten eintragen! Übertragen Sie anschließend Ihre senkrecht angeordneten Lösungsziffern in dieser Reihenfolge von links nach rechts in den Lösungsbogen!

---

a) Dem Lieferanten aus Taiwan teilt seine Bank die Akkreditiveröffnung mit. `3`

---

b) Die MM GmbH erhält von der Deutschen Bank die Versanddokumente und wird mit dem Rechnungsbetrag belastet. `7`

---

c) Der Lieferant aus Taiwan übergibt die Ware an den Spediteur und erhält die Versanddokumente. Diese gibt er an seine Bank weiter. `4`

---

d) Die Bank aus Taiwan übersendet die Versanddokumente an die Deutsche Bank und belastet diese mit dem Rechnungsbetrag. `6`

---

e) Die MM GmbH beauftragt die Hausbank mit der Akkreditiveröffnung. `1`

---

f) Die MM GmbH erhält die erworbenen Informationsterminals gegen Übergabe der Dokumente an den Frachtführer. `8`

---

g) Dem Exporteur aus Taiwan wird der Rechnungsbetrag auf dem Konto gutgeschrieben. `5`

---

h) Die Deutsche Bank teilt der Bank in Taiwan die Akkreditiveröffnung mit. `2`

Rechenaufgabe

Hier müssen Sie das Rechenergebnis in das entsprechende Lösungskästchen auf dem Lösungsbogen eintragen.

Beispiel:

---

5. Aufgabe

Im Bereich der Kunststoffspritzgussanlage fallen pro Jahr Fertigungsgemeinkosten in Höhe von 685.000,00 € und Fertigungslöhne in Höhe von 150.000,00 € an.

Wie hoch ist der Fertigungsgemeinkostenzuschlagssatz in diesem Bereich?
Runden Sie das Ergebnis auf zwei Stellen nach dem Komma!

Buchführungsaufgabe

Buchführungsaufgaben können auf zwei Wegen gelöst werden:

(1) Für einen Beleg, einen Geschäftsfall bzw. ein Problem ist aus mindestens 5 vorgegebenen Buchungssätzen bzw. Antworten die richtige Antwort auszuwählen (Mehrfachwahlaufgabe).

(2) Bei den so genannten Kontierungsaufgaben ist zu Belegen bzw. Geschäftsfällen der richtige Buchungssatz je nach Anweisung in der Aufgabenstellung durch das Eintragen der Kontonummern zu bilden. Um Flüchtigkeitsfehler zu vermeiden, empfehlen wir Ihnen, zunächst die Kontonummern der anzurufenden Konten getrennt nach „Soll" und „Haben" in die hierfür vorgesehenen Kästchen im Aufgabenteil einzutragen und erst danach die Kontonummern in die entsprechenden Kästchen auf dem Lösungsbogen. Falls auf der Soll- und/oder Habenseite mehrere Kontonummern einzutragen sind, spielt dabei die Reihenfolge auf der Soll- oder Habenseite keine Rolle.

Beispiel:

---

6. Aufgabe

Auf einer Dienstreise hat der Geschäftsführer der Gabriel KG für sein privates Faxgerät Faxpapier gekauft. Diese Artikel hat er aus der Portokasse des Unternehmens bezahlt.

Buchen Sie den Vorgang!

Auszug aus dem Kontenplan

- 260 Vorsteuer
- 288 Kasse
- 3001 Privatkonto
- 480 Umsatzsteuer
- 680 Büromaterial

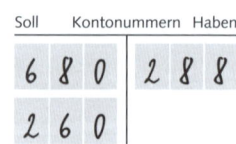

Häufiger finden sich jedoch Buchführungsaufgaben, in denen anstelle der Kontonummern die Kennziffern für die anzurufenden Konten in die Lösungskästchen einzutragen sind. Sollten auf der Soll- und/oder Habenseite mehrere Ziffern einzutragen sein, spielt ihre Reihenfolge keine Rolle.

Beispiel:

7. Aufgabe

Auf einer Dienstreise hat der Geschäftsführer der Gabriel KG für sein privates Faxgerät Faxpapier gekauft. Diese Artikel hat er aus der Portokasse des Unternehmens bezahlt.

Buchen Sie den Vorgang!

Auszug aus dem Kontenplan

1. Vorsteuer (260)

2. Kasse (288)

3. Privatkonto (3001)

4. Umsatzsteuer (480)

5. Büromaterial (680)

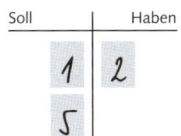

Lösungsbogen

Tragen Sie die Lösungen in den Lösungsbogen ein.

Hier die Lösungen der Beispielaufgaben:

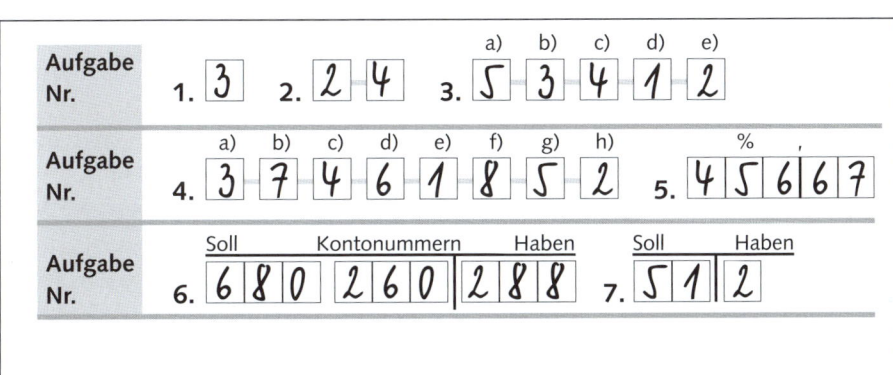

Besonderheit Kapitel 7 (s. S. 103):

Hier handelt es sich um komplexe Aufgaben, die der Wiederholung und Vertiefung einzelner Inhalte dienen. Tragen Sie die Lösungen hierzu in die betreffenden Felder im Aufgabenteil ein. Eine Übertragung in den Lösungsbogen ist bei diesem Kapitel aufgrund der Aufgabenform nicht vorgesehen.

Arbeitsanleitung für gebundene Aufgaben

Gebundene Aufgaben haben den Vorteil, dass man fast ohne Schreibarbeit eine Überprüfung des Wissens vornehmen kann. Sie können so Ihr Wissen schnell überprüfen und mithilfe der erläuterten Lösungen die Lücken „stopfen". Zum Bearbeiten empfiehlt sich das im folgenden Schema dargestellte Vorgehen:

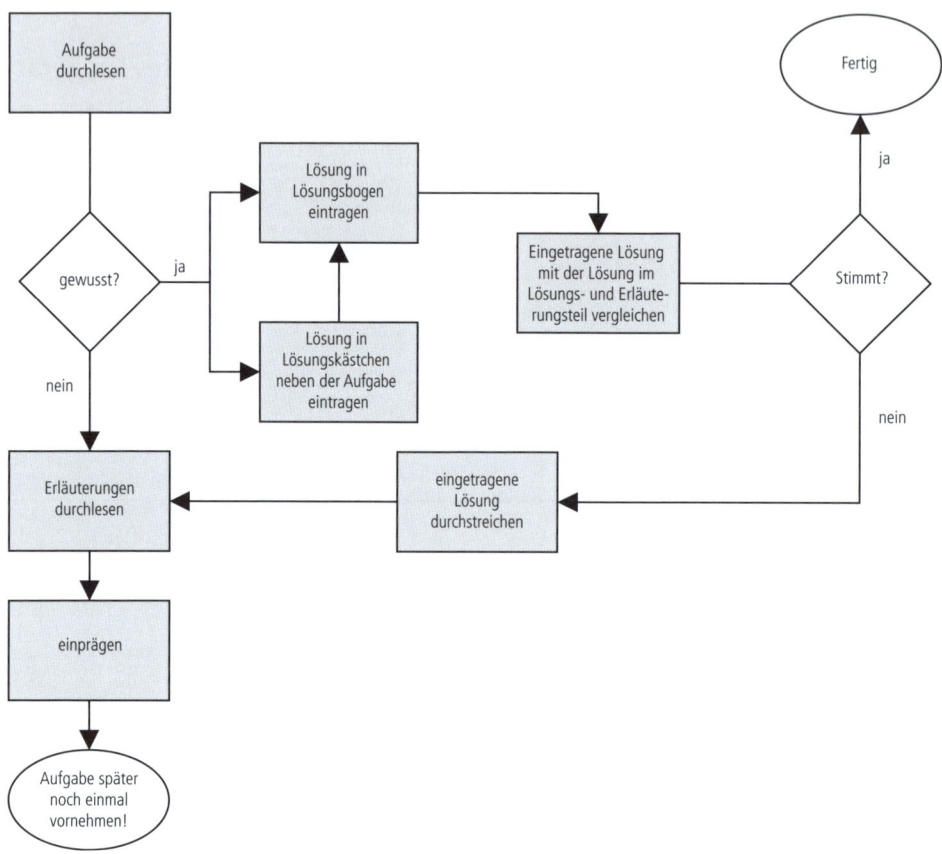

Aufgabenblock 1

Ihre Notizen

Situation zum Aufgabenblock 1

Sie sind Auszubildender bei der Crema Espressomaschinen AG, Hamburg, (CE AG) und derzeit in der Abteilung „betriebliches Rechnungswesen" eingesetzt. Da in der Abteilung zwei Angestellte erkrankt sind, müssen Sie einen Teil der anfallenden Aufgaben eigenverantwortlich übernehmen. Berücksichtigen Sie bei der Bearbeitung der Aufgaben folgende Angaben zum Unternehmen:

1. **Name und Geschäftssitz:**   Crema Espressomaschinen AG, Sandtorkai 10, 20457 Hamburg
2. **Geschäftsjahr:**   1. Januar bis 31. Dezember
3. **Produkte:**   Exklusive Espressomaschinen
4. **Eingangsstoffe:**
   - Rohstoffe: Kunststoffgranulat, Metallrohre, diverse Bleche
   - Hilfsstoffe: Schrauben und Kleinteile, Farbe, Klebstoffe
   - Betriebsstoffe: Strom, Wasser, Heizöl, Schmierstoffe
   - Vorprodukte: Kompressorpumpe, Mahlwerk, Steuerungselektronik
5. **Mitarbeiter:**   260 Mitarbeiter und 20 Auszubildende
6. **Maschinen und Anlagen:**   Kunststoffspritzgussanlage, diverse Bearbeitungszentren
7. **Bankverbindung:**   Deutsche Bank Hamburg, Konto 7550544, BLZ 200 700 00
8. **Umsatz (Vorjahr):**   40.000.000,00 €

Aufgabe 1.1

1) Die Rechnung für die neuen Computer der Vertriebsabteilung (siehe nächste Seite), die noch nicht beglichen wurde, muss noch gebucht werden. Nehmen Sie die Kontierung anhand des Auszugs aus dem Kontenplan vor!
   (Hinweis: „Logitech Cordless Desktop Optical" ist eine Tastatur/Maus-Kombination)

   1. Büromaschinen, Organisationsmittel und Kommunikationsanlagen (086)
   2. Büromöbel und sonst. Geschäftsausstattung (087)
   3. Geringwertige Vermögensgegenstände der Betriebs- und Geschäftsausstattung (089)
   4. Sonstiges Material (207)
   5. Forderungen aus Lieferungen und Leistungen (240)
   6. Vorsteuer (260)
   7. Verbindlichkeiten aus Lieferungen und Leistungen (440)
   8. Umsatzsteuer (480)
   9. Büromaterial (680)

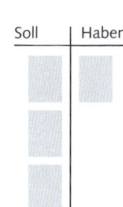

Soll | Haben

Compuprompt GmbH
EDV-Service

Compuprompt GmbH, Baumwall 19, 20459 Hamburg

Crema Espressomaschinen AG
Sandtorkai 10
20457 Hamburg

RECHNUNG

Bitte bei Zahlung und Rückfragen angeben!	
Kunden-Nr.	154478
Rechnungsnr.	2013-1654
Lieferdatum	2013-09-03
Rechnungsdatum	2013-09-03

Position	Artikel-Nr.	Artikelbezeichnung	Menge Stück	Einzelpreis €	Gesamtpreis €
1	45587	Flachbildmonitor 23 Zoll TFT	20	525,00	10.500,00
2	98785	Drucker HP LaserJet 2200	5	820,00	4.100,00
3	54785	Logitech Cordless Desktop Optical	20	105,00	2.100,00
4	85457	Compaq Presario Desktop P IV 1, GHz	20	485,00	9.700,00
5	65546	Toner für LaserJet 2200	8	90,00	720,00
6	65413	Tintenpatrone Schwarz Epson St. Col. 640	10	5,50	55,00

Anzahl Artikel	Gesamt- gewicht	Packungs- einheiten	Lieferweg	Zwischen- summe	USt-Satz	USt	Endbetrag
				27.175,00 €	19%	5.163,25 €	32.338,25 €

Bitte überweisen Sie den Rechnungsbetrag innerhalb von 10 Tagen ab Rechnungs-datum unter Abzug von 3 % Skonto oder innerhalb von 30 Tagen ohne Abzug auf unser Konto 123456789 bei der Hamburger Sparkasse, BLZ 100 505 50.

Wir danken für Ihren Auftrag!

Geschäftsräume:	Tel.:	040 3333-0	Geschäftsführer:	HRB:	1458
Baumwall 19	Fax:	040 3333-15	Holger Müller	Ust-ID:	DE203577215
20459 Hamburg	E-Mail:	info@compuprompt.de	Rolf Bauer	Internet:	www.compuprompt.de

2) Da die Firma Compuprompt Ihnen anbietet, bei Zahlung innerhalb von 10 Tagen 3 % Skonto vom Rechnungsbetrag abzuziehen, überlegen Sie, ob dies für Ihr Unternehmen günstig ist.

    a) Welchen (Brutto-) Betrag können Sie bei Zahlung innerhalb der Skontofrist von der Rechnungssumme abziehen?

    b) Ihre Kollegin Frau Mayer erzählt Ihnen beiläufig, dass im Moment einige Kunden ihre Rechnungen nicht bezahlen und das Bankkonto der CE AG überzogen ist. Sie schlägt daher vor, die Rechnung der Compuprompt GmbH erst nach Ablauf der Zahlungsfrist von 30 Tagen zu begleichen.

        ba) Sie halten diese Überlegung nicht für sinnvoll, da Sie wissen, dass Lieferantenkredite häufig „sehr teuer" sind. Überzeugen Sie Frau Mayer, indem Sie den Zinssatz dieses Lieferantenkredits berechnen! Runden Sie das Ergebnis auf zwei Stellen nach dem Komma!

        bb) Die Hausbank der CE AG verlangt für die Überziehung des Kontokorrentkontos einen Zinssatz von 9,5 % p.a. Welcher Betrag kann durch eine weitere Überziehung des Kontos eingespart werden (netto), wenn die Rechnung abzüglich der 3 % Skonto überwiesen wird?

3) Sie konnten Frau Mayer überzeugen und die Zahlung erfolgt am 15. September unter Abzug von 3 % Skonto. Bilden Sie den erforderlichen Buchungssatz!

    1. Büromaschinen, Organisationsmittel und Kommunikationsanlagen (086)

    2. Büromöbel und sonst. Geschäftsausstattung (087)

    3. Geringwertige Vermögensgegenstände BGA (089)

    4. Sonstiges Material (207)

    5. Nachlässe für sonstiges Material (2072)

    6. Forderungen aus Lieferungen und Leistungen (240)

    7. Vorsteuer (260)

    8. Guthaben bei Kreditinstituten (Bank) (280)

    9. Verbindlichkeiten aus Lieferungen und Leistungen (440)

    10. Umsatzsteuer (480)

    11. Büromaterial (680)

Soll	Haben

4) Ermitteln Sie die für einen der neuen PC-Arbeitsplätze in der Bilanz anzusetzenden Anschaffungskosten (Rechner, Monitor und Tastatur/Maus [Logitech Cordless Desktop Optical]; Positionen 1, 3 und 4 der Rechnung)! Berücksichtigen Sie dabei die Ausnutzung von Skonto!

5) Sie haben gehört, dass für die Gestaltung von Bildschirmarbeitsplätzen einige Regeln zu beachten sind. Welche der folgenden Aussagen ist falsch?

    1. Bildschirmarbeitsplätze sind so zu gestalten, dass eine ergonomisch günstige Arbeitshaltung möglich ist.

    2. Der Bildschirm muss frei von störenden Reflexionen sein.

    3. Bei einem Bildschirmarbeitsplatz kann eine virtuelle Tastatur, die auf einem Touchscreen angezeigt wird, die Hardwaretastatur ersetzen.

    4. Eine Fußstütze muss zur Verfügung gestellt werden, wenn ohne sie eine günstige ergonomische Arbeitshaltung nicht erreichbar ist.

6) Der Abteilungsleiter, Herr Walter, möchte wissen, wie sich die Anschaffung des neuen PCs auf das Unternehmensergebnis auswirkt.

   a) Ermitteln Sie auf Grundlage der unter Aufgabe 4) ermittelten Anschaffungskosten den planmäßigen Abschreibungsbetrag für das Jahr der Anschaffung. Gehen Sie dabei von einer Nutzungsdauer von drei Jahren aus und wenden Sie die Methode der linearen Abschreibung an! Runden Sie das Ergebnis auf zwei Stellen nach dem Komma!

   b) Bilden Sie den Buchungssatz für die Abschreibung auf die PCs zum 31. Dezember! Die Abschreibung erfolgt direkt.

      1. Büromaschinen, Organisationsmittel, ... (086)

      2. Sonstiges Material (207)

      3. Erträge aus Werterhöhungen von Gegenständen des Anlagevermögens (Zuschreibungen) (544)

      4. Abschreibungen auf Sachanlagen (652)

      5. Abschreibungen auf geringwertige Wirtschaftsgüter (654)

      6. Aufwendungen für Büromaterial (680)

7) Um neu erworbene Bürogeräte etc. möglichst sofort voll abschreiben zu können, überlegt Herr Walter, in Zukunft nur noch Wirtschaftsgüter unterhalb der Wertgrenze, so genannte geringwertige Wirtschaftsgüter, zu kaufen. Diese können im Jahr der Anschaffung vollständig als Aufwand verbucht werden.

   a) Wie hoch dürfen die Anschaffungskosten für ein solches geringwertiges Wirtschaftsgut maximal sein?

      1. 400 € netto

      2. 460 € brutto

      3. 410 € netto

      4. 150 € netto

   b) Welche **3** der folgenden Wirtschaftsgüter können als geringwertiges Wirtschaftsgut gemäß § 6 Abs. 2 EstG sofort abgeschrieben werden?

      1. Telefaxgerät (Anschaffungskosten 475,00 € brutto)

      2. Speichererweiterung 2 GB für einen PC (154,50 € netto)

      3. Mobiltelefon (279,90 € brutto)

      4. Tintenstrahldrucker (336,21 € netto)

      5. Software Adobe Acrobat (286,00 € brutto)

   c) Mit welcher Buchung ist die Anschaffung eines Fotokopierers, der in den Sammelposten gemäß § 6 Abs. 2a EstG eingestellt werden soll, zu buchen?

1.	0894	GWG Sammelposten BGA Jahr 4 (2011)	800,00 €	an 280	Bank	952,00 €
	260	Vorsteuer	152,00 €			
2.	079	GWG Sammelposten Anlagen/Maschinen	800,00 €	an 280	Bank	952,00 €
	260	Vorsteuer	152,00 €			
3.	6544	Abschreibungen auf GWG Sammelposten Jahr 4 (2011)	160,00 €	an 0894	GWG Sammelposten BGA Jahr 4	160,00 €

1) Die CE AG hat für die neu erworbenen PCs mit der Firma Compuprompt einen Wartungsvertrag abgeschlossen, der alle erforderlichen Installations- und Reparaturarbeiten abdeckt. Für die Zeit vom 1. September des laufenden Geschäftsjahres bis zum 31. August des folgenden Jahres wurden hierfür netto 900,00 € in Rechnung gestellt. Diese Rechnung wurde von der CE AG am 10. September ohne Abzüge beglichen.

    a) Was ist für den Geschäftsfall zum 31. Dezember zu buchen bzw. zu bilden?

        1. Sonstige Forderung

        2. Rückstellung

        3. Aktive Rechnungsabgrenzung

        4. Passive Rechnungsabgrenzung

    b) Ermitteln Sie den zum Jahresende abzugrenzenden Betrag!

    c) Wie wirkt sich die Unterlassung einer erforderlichen passiven Rechnungsabgrenzung auf den Jahresüberschuss der CE AG aus?

        1. Der ausgewiesene Jahresüberschuss ist zu hoch.

        2. Der ausgewiesene Jahresüberschuss ist zu gering.

        3. Die nicht durchgeführte Abgrenzung wirkt sich nicht auf den ausgewiesenen Jahresüberschuss aus.

2) Aufgrund der hohen Auslastung der CE AG in der Vorweihnachtszeit kann eine dringend erforderliche Überholung der Kunststoffspritzgussanlage im laufenden Geschäftsjahr nicht mehr durchgeführt werden. Die Überholung soll im ersten Quartal des nächsten Geschäftsjahres nachgeholt werden, wobei die Kosten auf 6.000,00 € + 19 % USt geschätzt werden.

    Welche Buchung ist per 31.12. vorzunehmen?

1.	616	Fremdinstandhaltung	6.000,00 €	an	489	Sonstige Verbindlichkeiten	7.140,00 €
	260	Vorsteuer	1.140,00 €				
2.	616	Fremdinstandhaltung	6.000,00 €	an	390	Sonstige Rückstellungen	7.140,00 €
	260	Vorsteuer	1.140,00 €				
3.	616	Fremdinstandhaltung	7.140,00 €	an	489	Sonstige Verbindlichkeiten	7.140,00 €
4.	616	Fremdinstandhaltung	7.140,00 €	an	390	Sonstige Rückstellungen	7.140,00 €
5.	616	Fremdinstandhaltung	6.000,00 €	an	390	Sonstige Rückstellungen	6.000,00 €

3) Die CE AG hat im Oktober 3 Tonnen Kunststoffgranulat auf Vorrat angeschafft. Die Anschaffungskosten je Tonne lagen damals bei 250,00 € netto. Aufgrund eines Kursanstiegs des Euro gegenüber dem US-$ und sinkender Rohölpreise liegen die Anschaffungskosten je Tonne am 31. Dezember nur noch bei 230,00 € netto.

Mit welchem Wertansatz wird die noch vorhandene Tonne in der Bilanz bewertet?

1. 250,00 €   **2.** 240,00 €   **3.** 236,67 €   **4.** 230,00 €   **5.** 220,00 €

4) Im Rahmen der Arbeiten zur Erstellung des Jahresabschlusses der CE AG wurden bereits alle Aufwands- und Ertragskonten über das Gewinn- und Verlustkonto abgeschlossen.

Soll	802 Gewinn- und Verlustkonto (T€)				Haben
520	Bestandsveränderungen	100	500	Umsatzerlöse für eigene Erzeugnisse	42.500
600	Aufwendungen für Rohstoffe	6.200			
601	Aufw. für Fremdbauteile	7.000			
602	Aufwendungen für Hilfsstoffe	2.200	540	Mieterträge	750
605	Aufwendungen für Energie	2.100	571	Zinserträge	1.200
616	Fremdinstandsetzung	440			
620	Löhne	11.300			
630	Gehälter	5.100			
650	Abschreibungen	1.900			
670	Mieten, Pachten	450			
680	Aufw. für Kommunikation	3.700			
690	Versicherungsbeiträge	120			
700	Betriebliche Steuern	1.200			
751	Zinsaufwendungen	190			
771	Körperschaftssteuer	1.200			
340	Jahresüberschuss				

a) Ermitteln Sie anhand des abgebildeten Gewinn- und Verlustkontos den Jahresüberschuss/Jahresfehlbetrag der CE AG!

b) Bei der CE AG bildet der Industriekontenrahmen (IKR) die Grundlage des Kontenplans. In welcher Kontenklasse finden Sie laut IKR die jeweiligen Konten?

Ordnen Sie zu, indem Sie die Kennziffern der Kontenklassen des Industriekontenrahmens in die Kästchen neben den Kontenarten eintragen! Übertragen Sie anschließend Ihre senkrecht angeordneten Lösungsziffern in dieser Reihenfolge von links nach rechts in den Lösungsbogen!

Kontenklassen

1. Kontenklasse 2
2. Kontenklasse 3
3. Kontenklasse 4
4. Kontenklasse 5
5. Kontenklassen 6 und 7

Kostenarten

ba) Aufwandskonten

bb) Fremdkapital

bc) Ertragskonten

bd) Umlaufvermögen

be) Eigenkapital

c) Sie analysieren das Gewinn- und Verlustkonto der CE AG.

Welche der folgenden Feststellungen bezüglich der Produktionsmenge der CE AG im laufenden Geschäftsjahr ist zutreffend?

1. Die CE AG hat im aktuellen Geschäftsjahr weniger Espressomaschinen hergestellt als verkauft wurden.
2. Die CE AG hat im aktuellen Geschäftsjahr genauso viele Espressomaschinen hergestellt wie verkauft wurden.
3. Die CE AG hat im aktuellen Geschäftsjahr mehr Espressomaschinen hergestellt als verkauft wurden.
4. Das GuV-Konto lässt keine Rückschlüsse über das Verhältnis von Produktionsmengen und Verkaufsmengen zu.

d) Welche der nachfolgenden Feststellungen zur CE AG ist unter Berücksichtigung der Angaben zum Unternehmen und der Angaben im Gewinn- und Verlustkonto richtig?

Bei der CE AG handelt es sich um eine...

1. kleine Kapitalgesellschaft
2. mittelgroße Kapitalgesellschaft
3. große Kapitalgesellschaft
4. keine Kapitalgesellschaft

e) An die Größenklassen knüpfen zahlreiche Vorschriften für die Erstellung und Veröffentlichung des Jahresabschlusses an.

Welche **2** der folgenden Vorschriften gelten **nicht** für kleine Kapitalgesellschaften?

1. Der Jahresabschluss ist zusammen mit dem Bestätigungsvermerk des Abschlussprüfers beim zuständigen Handelsregister einzureichen.
2. Die Buchführung hat nach den Grundsätzen ordnungsgemäßer Buchführung zu erfolgen.
3. Der Jahresabschluss ist in den ersten drei Monaten des Geschäftsjahres für das vergangene Geschäftsjahr aufzustellen.
4. Der Jahresabschluss von den Geschäftsführern der GmbH bzw. den Mitgliedern des Vorstands einer AG unter Angabe des Datums zu unterzeichnen.
5. Der Jahresabschluss ist 10 Jahre aufzubewahren.

1) Der Abteilungsleiter Herr Walter berichtet in der Wochenbesprechung, dass der Vorstand dringend eine Steigerung der Wirtschaftlichkeit bei der Produktion der Espressomaschinen verlangt. Anderenfalls „könne man den Laden hier bald dicht machen".

Der neue Azubi versteht dies nicht und wendet ein, dass der Jahresüberschuss der CE AG (vgl. Aufgabe 1.2) doch sehr hoch sei. Da Sie schon im letzten Ausbildungsjahr sind, haben Sie mehr Erfahrung und erklären ihm die Zusammenhänge.

Welche Ihrer Erklärungen ist richtig?

1. Die Gewinn- und Verlustrechnung dient nur der Ermittlung einer Steuerbemessungsgrundlage und ermöglicht daher keine Auskunft über die Wirtschaftlichkeit des Unternehmens.

2. Der neue Auszubildende hat Recht, aber der Vorstand ist immer mit dem Ergebnis unzufrieden, damit alle Mitarbeiter im nächsten Geschäftsjahr noch härter arbeiten. So gelingt es, den Gewinn jedes Jahr weiter zu steigern.

3. Die Gewinn- und Verlustrechnung gibt aufgrund des in der Finanzbuchhaltung zu berücksichtigenden Vorsichtsprinzips immer ein möglichst schlechtes Bild von der wirtschaftlichen Lage des Unternehmens ab und die CE AG hat in der Tat sehr erfolgreich Espressomaschinen hergestellt.

4. Für eine Aussage über die Wirtschaftlichkeit der Espressomaschinenproduktion muss zunächst eine Abgrenzungsrechnung durchgeführt werden und der Gewinn der CE AG ist vor allem auf Miet- und Zinserträge zurückzuführen.

2) Um die wirtschaftliche Situation der CE AG analysieren zu können, ist ein genaues Verständnis der Zusammenhänge zwischen der Leistungserstellung und der durch die Leistungserstellung verursachten Kosten erforderlich.

Worum handelt es sich bei fixen Kosten?

a) Bei fixen Kosten handelt es sich um Kosten, die...

1. sich in den letzten beiden Jahren nicht verändert haben.

2. mit steigender Produktionsmenge um einen festen Prozentsatz zunehmen.

3. vom Beschäftigungsgrad der CE AG unabhängig sind.

4. in ihrer Höhe bereits zu Beginn des Geschäftsjahres feststehen.

5. sich immer unmittelbar einem Kostenträger zuordnen lassen.

b) Bei welchen **2** der folgenden Kosten der CE AG handelt es sich um Kostenträgereinzelkosten?

    1. Kosten für Wasser, Strom, Heizöl etc.

    2. Anschaffungskosten der Mahlwerke

    3. Kosten für die Schaltung von Anzeigen in Tageszeitungen

    4. Kosten für Kunststoffgranulat

    5. Gehälter des Vorstands der CE AG

c) Welche Aufgabe hat die Bildung von Kostenstellen innerhalb der CE AG?

Die Bildung von Kostenstellen innerhalb der CE AG hat die Aufgabe, ...

    1. Kosten den Produkten zuzuordnen, bei deren Herstellung sie entstanden sind.

    2. die Erstellung des Jahresabschlusses durch eine übersichtliche Gliederung der Kosten zu erleichtern.

    3. eine geordnete Erfassung der Kostenträgereinzelkosten zu ermöglichen.

    4. die entstehenden Gemeinkosten den Bereichen zuzuordnen, die für die Entstehung der Kosten verantwortlich sind.

3) Die CE AG stellt mit der vorhandenen Kunststoffspritzgussanlage alle für die unterschiedlichen Espressomaschinen erforderlichen Kunststoffteile in automatischer Fertigung her. Bisher werden in der Kostenträgerstückrechnung der CE AG die Gemeinkosten mit dem Verfahren der Zuschlagskalkulation den einzelnen Erzeugnissen zugeordnet. Sie halten dieses Verfahren bei der Kunststoffspritzgussanlage aufgrund des hohen Automatisierungsgrades für ungeeignet.

a) Im Bereich der Kunststoffspritzgussanlage fallen pro Jahr Fertigungsgemeinkosten in Höhe von 685.000,00 € und Fertigungslöhne in Höhe von 150.000,00 € an.

Wie hoch ist der Fertigungsgemeinkostenzuschlagssatz in diesem Bereich? Runden Sie das Ergebnis auf zwei Stellen nach dem Komma!

b) Sie haben die Fertigungsgemeinkosten genauer analysiert und dabei festgestellt, dass ein großer Teil der Fertigungsgemeinkosten unmittelbar durch die Spritzgussanlage verursacht wird. Sie schlagen daher vor, zukünftig die Gemeinkosten mit dem Verfahren der Maschinenstundensatzrechnung zu verrechnen.

Ermitteln Sie anhand der vorliegenden Angaben den Maschinenstundensatz für die Spritzgussanlage!

Fertigungsgemeinkosten im Bereich der Spritzgussanlage

Kostenart	Betrag in €
Kalkulatorische Abschreibungen	230.000,00
Kalkulatorische Zinsen	103.000,00
Gehalt des Bereichsleiters	80.000,00
Instandsetzungskosten	15.000,00
Energiekosten	35.000,00
Werkzeugkosten	17.000,00
Sonstige Fertigungsgemeinkosten	22.000,00

Maschinenlaufzeit im Zweischichtbetrieb	
	Stunden
52 Wochen (je 5 Arbeitstage) zu 40 Arbeitsstunden je Schicht	
./. Durchschnittliche Ausfallzeit wegen Krankheit	100
./. 10 Feiertage	
./. Durchschnittliche Ausfallzeit wegen Urlaub	190
./. Ausfallzeit durch Störungen bzw. Instandsetzung	510
= Sollmaschinenlaufzeit	

ba) Wie hoch sind die maschinenabhängigen Fertigungsgemeinkosten pro Jahr (in Tausend Euro)?

bb) Wie hoch ist die Sollmaschinenlaufzeit pro Jahr?

bc) Wie hoch ist der Maschinenstundensatz?

1) In der Mittagspause haben Sie mit der Controllerin Frau Stein über die Kritik des Vorstands an der Geschäftsentwicklung der CE AG gesprochen (vgl. Aufgabe 1.3). Frau Stein gibt Ihnen die folgende Tabelle mit der Bemerkung: „Schauen Sie sich das mal heute Nachmittag an, dann erkennen Sie vielleicht einen Teil des Problems."

Betriebsergebnis Geschäftsjahr 01	PLAN		IST	
	Kosten	Leistungen	Kosten	Leistungen
Umsatzerlöse		45.000.000,00 €		42.500.000,00 €
Bestandsveränderungen	100.000,00 €		100.000,00 €	
Rohstoffe/Fremdbauteile	13.200.000,00€		13.200.000,00 €	
Hilfsstoffe/Energie	4.300.000,00 €		4.300.000,00 €	
Fremdinstandsetzung	440.000,00 €		440.000,00 €	
Löhne	11.300.000,00 €		11.300.000,00 €	
Gehälter	5.100.000,00 €		5.100.000,00 €	
Abschreibungen	1.500.000,00 €		1.500.000,00 €	
Kommunikation	3.700.000,00 €		4.425.000,00 €	
Versicherungsbeiträge	120.000,00 €		120.000,00 €	
Betriebliche Steuern	1.000.000,00 €		250.000,00 €	
Kalkulatorische Abschreibungen	400.000,00 €		400.000,00 €	
Kalkulatorische Zinsen	325.000,00 €		325.000,00 €	
Kalkulatorische Wagnisse	100.000,00 €		100.000,00 €	
Kalkulatorische Miete	150.000,00 €		150.000,00 €	
SUMME	**41.735.000,00 €**	**45.000.000,00 €**	**41.710.000,00 €**	**42.500.000,00 €**
Betriebsergebnis	**3.265.000,00 €**		**790.000,00 €**	

Geplanter Absatz an Espressomaschinen für das Geschäftsjahr 01:   150 000 Stück
Realisierter Absatz an Espressomaschinen für das Geschäftsjahr 01:   145 000 Stück

Eine typische Aufgabe im Controlling ist der Vergleich der Ergebnisse eines Unternehmensprozesses mit den für diesen Zeitraum geplanten Ergebnissen. Die Analyse eventuell auftretender Abweichungen liefert die Datengrundlage für ggf. vorzunehmende Korrekturen.

a) Ermitteln Sie den geplanten Verkaufspreis je Espressomaschine (gehen Sie zur Vereinfachung davon aus, dass alle Maschinen zum gleichen Preis verkauft werden)!

b) Ermitteln Sie den tatsächlich realisierten Verkaufspreis je Espressomaschine! Runden Sie das Ergebnis auf zwei Stellen nach dem Komma!

c) Welcher der nachfolgenden Faktoren ist für die erhebliche Abweichung zwischen dem Ist-Betriebsergebnis und dem geplanten Betriebsergebnis verantwortlich?

   1. Die geringere Verkaufsmenge

   2. Die geringere Verkaufsmenge und der geringere Ist-Verkaufspreis

   3. Neben den Abweichungen bei Verkaufsmenge und Verkaufspreis auch eine erhebliche Überschreitung geplanter Kosten

2) Die Geschäftsleitung sucht nach Wegen, weiter Kosten einzusparen. In diesem Zusammenhang überlegt der Vorstand, in der Endmontage in Zukunft einen Industrieroboter einzusetzen. Frau Stein hat die folgende Grafik erstellt, um dem Vorstand die Entscheidung zu erleichtern.

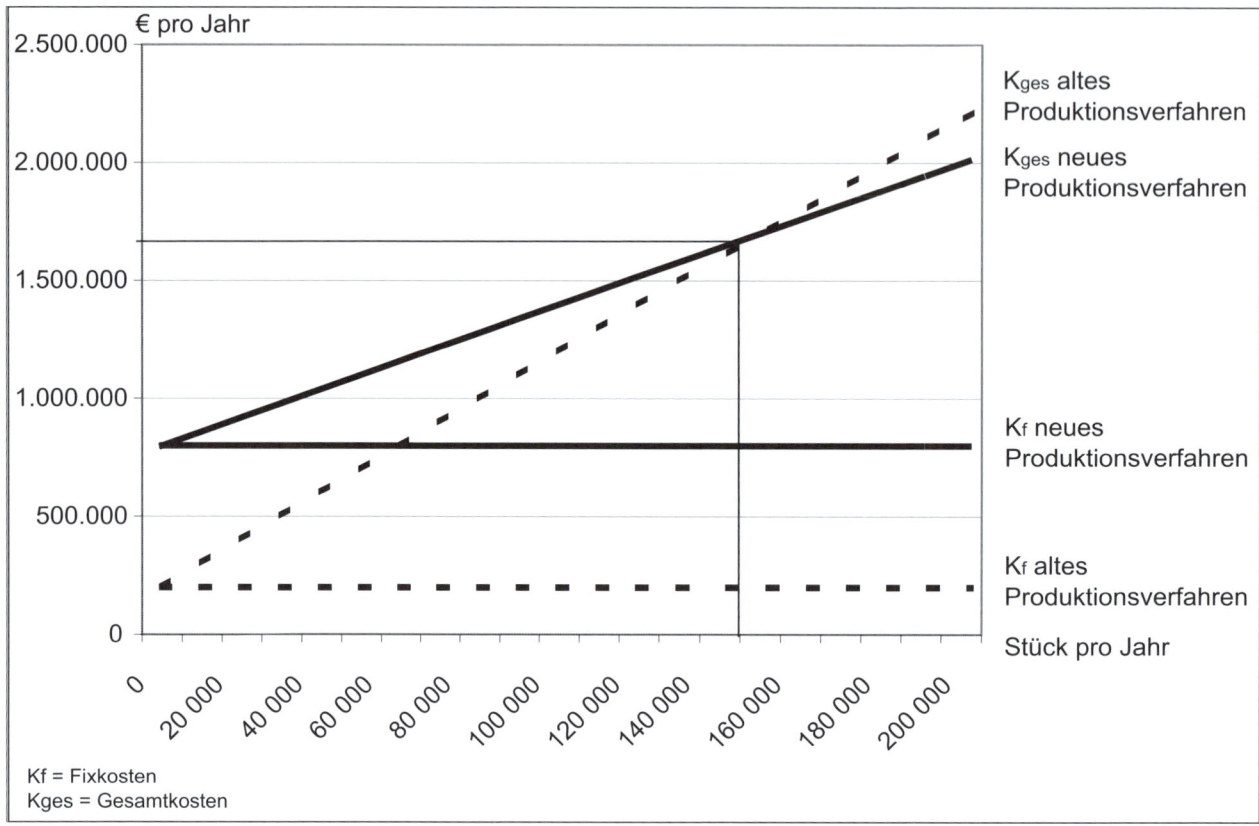

Sie erinnern sich an die im aktuellen Jahr aufgetretene Mengenabweichung und überlegen, ob die Anschaffung der neuen Produktionsanlage sinnvoll ist.

a) Welche **2** der folgenden Feststellungen sind richtig?

   1. Bis zu einer Produktionsmenge von 60 000 Stück sind die Gesamtkosten des alten Produktionsverfahrens höher als die Fixkosten des neuen Produktionsverfahrens.

   2. Die variablen Stückkosten des neuen Produktionsverfahrens sind immer geringer als die des alten Produktionsverfahrens.

   3. Im Bereich zwischen 60 000 und 150 000 Stück sind die variablen Stückkosten des alten Produktionsverfahrens geringer als die des neuen Produktionsverfahrens.

   4. Ab einer Produktionsmenge von 150 000 Stück sind die Gesamtkosten des neuen Produktionsverfahrens geringer als die des alten Produktionsverfahrens.

   5. Bis zu einer Produktionsmenge von 60 000 Stück sind die variablen Kosten des alten Produktions-verfahrens geringer als die variablen Kosten des neuen Produktionsverfahrens.

b) Um welche Art von Diagramm handelt es sich bei der obigen Abbildung?

   1. Balkendiagramm

   2. Punktdiagramm

   3. Flächendiagramm

   4. Liniendiagramm (Kurvendiagramm)

Aufgabenblock 2

Ihre Notizen

Situation zum Aufgabenblock 2

Die IT-Expert GmbH ist ein Dienstleistungsunternehmen im Bereich der Informationstechnologie. Das Unternehmen ist in drei Geschäftsbereichen tätig:

- Einrichtung und Wartung von Firmennetzwerken
- Übernahme der Netzwerkadministration und des „Helpdesk" für Kunden
- Entwicklung kundenspezifischer Software sowie Erstellung von Internetseiten

Auch Dienstleistungsbetriebe können Industriekaufleute ausbilden. Die IT-Expert GmbH (IT GmH) bildet ebenfalls Industriekaufleute aus, zu denen auch Sie gehören. Das Unternehmen verspricht sich von Industriekaufleuten vor allem eine bessere kaufmännische Steuerung der auch im Dienstleistungsbereich immer komplexer werdenden Prozesse der Leistungserstellung. Berücksichtigen Sie bei der Bearbeitung der Aufgaben folgende Angaben zum Unternehmen:

1. **Name und Geschäftssitz:** IT-Expert GmbH, Hardenbergstr. 5, 10623 Berlin
2. **Geschäftsjahr:** 1. Januar bis 31. Dezember
3. **Geschäftsbereiche:** siehe oben
4. **Bezogene Produkte und Leistungen:**
   - Hardwarekomponenten und komplette Hardwaresysteme
   - Standardsoftware
   - Externe Mitarbeiter im Bereich der Softwareentwicklung sowie Zusammenarbeit mit Subunternehmern bei großen Kundenaufträgen
5. **Mitarbeiter:** 30 Mitarbeiter und 6 Auszubildende
6. **Bankverbindung:** Deutsche Bank Berlin, Konto 7550544, BLZ 100 700 00
7. **Umsatz (Vorjahr):** 4.300.000,00 €

Aufgabe 2.1

1) Die Bilanz der IT GmbH liefert einen Überblick über sämtliche Vermögensgegenstände und Schulden des Unternehmens. Geschäftsfälle können sich in unterschiedlicher Weise auf die Bilanz auswirken.

   Um welche Art von Wertbewegung handelt es sich, wenn ein Kunde der IT GmbH eine seit 10 Tagen fällige Rechnung bezahlt?

   1. Um eine Bilanzverkürzung (Aktiv-Passiv-Minderung)
   2. Um einen Passivtausch
   3. Um eine Bilanzverlängerung (Aktiv-Passiv-Mehrung)
   4. Um einen Aktivtausch

2) Sie haben gerade die Kontoauszüge von der Bank geholt. Damit Ihre Buchhaltung immer auf dem aktuellen Stand ist, buchen Sie die Kontobewegungen sofort in der Buchhaltungssoftware des Unternehmens.

Deutsche Bank AG	Kontoauszug		Nr. 15 vom 20.03.	
Buchungstag/Wert/Vorgang			Soll	Haben
		Alter Kontostand EUR		24.548,35
0903 0903 Überweisung an	Finanzkasse Charlottenburg			
STEUERNR. 13/355/12345	USt. Februar			
	KTO 000000020 BLZ 50080000		6.480,21	
1403 1403 KDNR. 025501727690	Vorauszahlung März/April			
IT-Expert - GmbH	Hardenbergstr. 5, 10623 Berlin			
Berliner Elektrizitätswerke Aktiengesellschaft			800,00	
1703 1703 LINDENBERG GmbH Berlin				
Rechnung Nr. 54876254	Kunden-Nr. 1450			5.104,00
	Neuer Kontostand EUR			
		Bankleitzahl	Konto-Nr.	
IT-Expert - GmbH		100 700 00	7550544 00	

Bitte beachten Sie die wichtigen Hinweise auf der Rückseite

Zur Buchung der einzelnen Geschäftsfälle steht Ihnen folgender Auszug aus dem Kontenplan zur Verfügung:

1. Forderungen aus Lieferungen und Leistungen (240)
2. Vorsteuer (260)
3. Sonstige Forderungen an Finanzbehörden (263)
4. Bank (280)
5. Kasse (288)
6. Verbindlichkeiten aus Lieferungen und Leistungen (440)
7. Umsatzsteuer (480)
8. Sonstige Verbindlichkeiten gegenüber Finanzbehörden (483)
9. Umsatzerlöse für eigene Leistungen (500)
10. Erlösberichtigungen (5001)
11. Sonstige Umsatzerlöse (519)
12. Aufwand für Energie (605)
13. Aufwendungen für Waren (608)
14. Körperschaftssteuer (771)
15. Verbrauchsteuern (708)

a) Bilden Sie anhand der aufgeführten Konten den Buchungssatz für die Buchung vom 9. März!

b) Bilden Sie den Buchungssatz für die Buchung vom 14. März!
   Hinweis: Es handelt sich um eine Abschlagszahlung für gelieferten Strom.

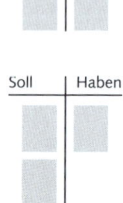

c) Die Buchung vom 17.3. ist Ihnen nicht ganz nachvollziehbar, da die Rechnung Nr. 54876254 auf einen Betrag von 6.420,00 € lautet. Da Sie sich nicht sicher sind, wie Sie nun buchen sollen, bitten Sie zunächst den zuständigen Kollegen aus dem Vertrieb um Klärung des Sachverhalts. Von Herrn Herbert aus der Vertriebsabteilung erhalten Sie die abgebildete E-Mail weitergeleitet.

Buchen Sie anhand der Ihnen vorliegenden Angaben den Geschäftsvorfall!

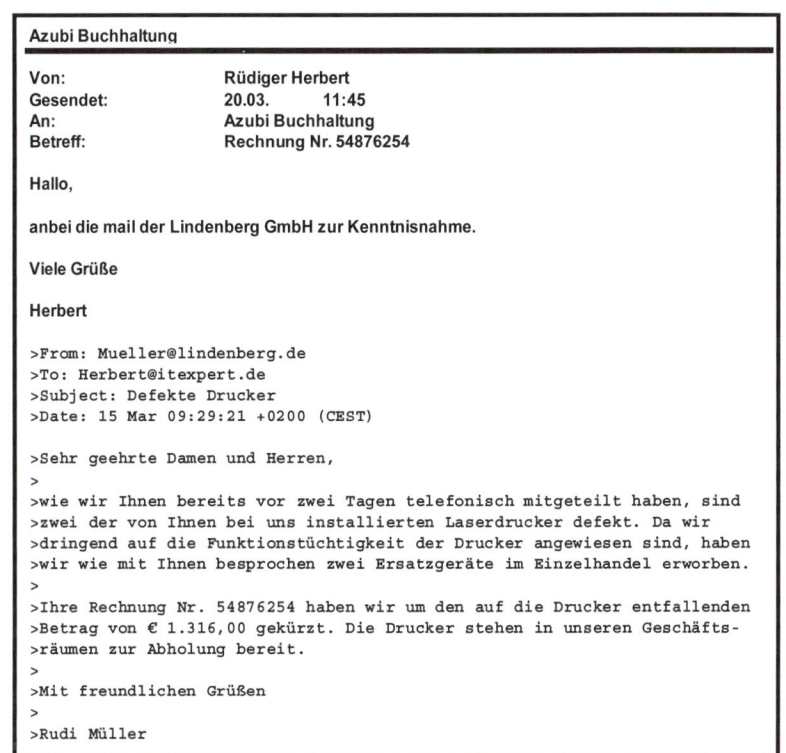

```
Azubi Buchhaltung

Von:            Rüdiger Herbert
Gesendet:       20.03.       11:45
An:             Azubi Buchhaltung
Betreff:        Rechnung Nr. 54876254

Hallo,

anbei die mail der Lindenberg GmbH zur Kenntnisnahme.

Viele Grüße

Herbert

>From: Mueller@lindenberg.de
>To: Herbert@itexpert.de
>Subject: Defekte Drucker
>Date: 15 Mar 09:29:21 +0200 (CEST)

>Sehr geehrte Damen und Herren,
>
>wie wir Ihnen bereits vor zwei Tagen telefonisch mitgeteilt haben, sind
>zwei der von Ihnen bei uns installierten Laserdrucker defekt. Da wir
>dringend auf die Funktionstüchtigkeit der Drucker angewiesen sind, haben
>wir wie mit Ihnen besprochen zwei Ersatzgeräte im Einzelhandel erworben.
>
>Ihre Rechnung Nr. 54876254 haben wir um den auf die Drucker entfallenden
>Betrag von € 1.316,00 gekürzt. Die Drucker stehen in unseren Geschäfts-
>räumen zur Abholung bereit.
>
>Mit freundlichen Grüßen
>
>Rudi Müller
```

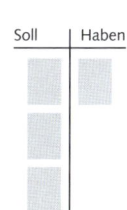

Soll	Haben

d) Wie hoch ist der Nettoverkaufspreis der beiden defekten Drucker? Runden Sie das Ergebnis auf zwei Stellen nach dem Komma!

e) Welchen Kontostand hat das Girokonto der IT GmbH per 20.03.?

3) In der Eingangspost befindet sich auch eine Rechnung, mit der ein Student Programmierleistungen in Rechnung stellt, die er für die IT GmbH übernommen hat. Er stellt einen Betrag von 160,00 € brutto in Rechnung und weist darauf hin, dass in diesem Betrag 19 % Umsatzsteuer enthalten sind.

Können Sie vom Finanzamt die Erstattung dieses Betrages als Vorsteuer verlangen?

1. Ja, denn die Rechnung bezieht sich auf eine Arbeitsleistung.

2. Ja, denn der Rechnungsbetrag liegt unter 200 €.

3. Nein, denn bei einer Rechnung in dieser Höhe muss die Umsatzsteuer gesondert ausgewiesen werden.

4. Nein, da im gewerblichen Bereich die Umsatzsteuer immer gesondert ausgewiesen werden muss.

4) Die IT GmbH hat ein Lager, in dem häufig benötigte Hardwarekomponenten auf Vorrat gelagert werden. Bei der Lagerung wird zwischen Teilen mit hohem Wert und solchen mit geringem Wert unterschieden. Bei den hochwertigen Materialien erfolgt die Ausgabe der Materialien aus dem Lager nur gegen einen Materialentnahmeschein (Fortschreibungsmethode).

a) Da die IT GmbH ein relativ kleines Unternehmen ist, überlegen Sie, ob sich dieser hohe administrative Aufwand überhaupt lohnt.

Welche **2** der folgenden Feststellungen zur Fortschreibungsmethode sind in diesem Zusammenhang zutreffend?

1. Am Jahresende festgestellte Inventurdifferenzen können nur durch Diebstahl entstanden sein.

2. Die IT GmbH hat jederzeit den Überblick über die verfügbaren Bestände.

3. Der Verbrauch wird am Jahresende durch Inventur ermittelt und in einer Summe als Verbrauch auf die jeweiligen Aufwandskonten gebucht.

4. Durch Verwendung von Entnahmescheinen können die Kostenstelle oder der Kostenträger erfasst werden, für die/den das Material verwendet wird.

5. Die Fortschreibungsmethode ist insbesondere für Lieferungen im Rahmen des Just-in-time-Verfahrens geeignet.

b) Der Sekretärin Frau Rüdiger kommt es so vor, als ob die Materialbuchungen nicht vollständig sind. Sie hat daher gemeinsam mit Ihnen eine Inventur des Materiallagers durchgeführt. Dabei wurde ein Bestand im Wert von 5.000,00 € ermittelt. Gleichzeitig liegen Ihnen die abgebildeten Buchungen auf dem Konto 200 vor. Ermitteln Sie die Inventurdifferenz (Fehlbestände sind mit negativem Vorzeichen zu kennzeichnen).

Soll			200 Rohstoffe €		Haben
800	Eröffnungsbilanzkonto	6.500	600	Materialaufwendungen	2.500
440	Verb. Lief. + Leistungen	12.500	600	Materialaufwendungen	1.500
			600	Materialaufwendungen	3.000
			600	Materialaufwendungen	2.500
			600	Materialaufwendungen	900

c) Mit welchem Buchungssatz (unter Verwendung der in Aufgabenteil b) angegebenen Konten) ist die ermittelte Inventurdifferenz zu buchen?

d) Sie überlegen, ob der Wert der Rohstoffe in der Buchhaltung richtig erfasst wird.

Welche der folgenden Ausgaben darf nicht als Bestandteil der Anschaffungskosten aktiviert werden?

1. Vom Lieferanten berechnete Transportkosten für die Rohstoffe

2. Kosten der Bedruckung der PC-Gehäuse mit dem Logo der IT GmbH

3. Kosten für die Versicherung der Lagerbestände gegen Diebstahl

4. Einfuhrzölle bei Import der Rohstoffe aus dem Ausland

5. Provision für einen Handelsmakler, der den Kauf vermittelt hat

1) Die IT GmbH lagert auch verschiedenste Prozessoren für Arbeitsplatzrechner und Server. Aufgrund der ständig schwankenden Preise von Prozessoren ist die Lagerung riskant und die Bestimmung des Werts der noch vorhandenen Prozessoren am Bilanzstichtag nicht ganz einfach.

a) Für die Bewertung des Vorratsvermögens stehen verschiedene Verfahren zur Verfügung. Beispielsweise können fiktive Verbrauchsfolgen zugrunde gelegt werden, wenn es sich um gleichartige Gegenstände des Vorratsvermögens handelt (§ 256 HGB).

Welches der folgenden Bewertungsverfahren ist **keine** fiktive Verbrauchsfolge?

1. Lifo – Methode (last in – first out)
2. Methode des gleitenden gewogenen Durchschnitts
3. Fifo – Methode (first in – first out)
4. Hifo – Methode (highest in – first out)
5. Lofo – Methode (lowest in – first out)

b) Der neue Azubi schlägt vor, in Zukunft das Fifo-Verfahren zur Bewertung der gelagerten Prozessoren zu verwenden. Gemeinsam überlegen Sie, welche Konsequenz dieses Verfahren hätte. Hierzu liegt Ihnen die abgebildete Tabelle mit den Materialbewegungen des Monats Januar vor.

Prozessoren				
Datum	Zugang	Anschaffungskosten je Einheit	Abgang	Bestand
01.01.		225		110
12.01.	30	200		
16.01.			20	
31.01.				120

Mit welchem Wert wäre der Bestand zum 31.1. in einer Bilanz anzusetzen?

2) Zum 31. Dezember erstellt die IT GmbH im Rahmen der Aufstellung des Jahresabschlusses einen Anlagenspiegel (Anlagengitter). Aus diesem Anlagenspiegel gehen wesentliche Informationen bezüglich der Investitionspolitik und der Abschreibungspolitik des Unternehmens hervor.

a) Ihnen liegt der Anlagenspiegel der IT GmbH vor. Allerdings fehlen in diesem noch einige Angaben, die Sie vervollständigen sollen.

Sachanlagevermögen T€	Anschaffungs-/ Herstellungskosten T€	Zugänge + T€	Abgänge – T€	Umbuchungen +/– T€	Abschreibungen (kumuliert) T€	Zuschrei- bungen T€	Restbuchwert 31.12. T€	Restbuchwert Vorjahr T€	Abschreibungen im Geschäftsjahr 01 T€
1 Grundstücke, grundstücksgleiche Rechte und Bauten einschließlich der Bauten auf fremden Grundstücken	750	—	—	—	66	—		690	6
2 Andere Anlagen, Betriebs- und Geschäftsausstattung	278	35	20	+ 15	46	—		248	16
3 Geleistete Anzahlungen und Anlagen im Bau	15	10	—	– 15	—	—	10	15	—
SUMME	1043	45	20	—	112	—		953	22

Geben Sie den Restbuchwert des Anlagevermögens zum 31.12. in Tausend Euro (T€) an!

b) Im Anlagenspiegel der IT GmbH ist eine Umbuchung zwischen den Positionen 3 und 2 vorgenommen worden.

Welcher der folgenden Geschäftsfälle kann dieser Umbuchung zugrunde liegen?

1. Eine Anlage ist baufällig geworden und muss daher repariert werden.

2. Im Vorjahr sind auf das Vorratsvermögen Abschreibungen vorgenommen worden, da der Marktpreis unter die Anschaffungskosten gesunken war. In diesem Jahr ist der Preis wieder gestiegen, sodass die Abschreibungen rückgängig gemacht werden.

3. Ein Auftrag über die Einrichtung eines Servers für einen Kunden, für den dieser eine Anzahlung geleistet hatte, ist abgerechnet worden.

4. Das neue Call-Center für den Bereich Helpdesk, mit dessen Errichtung die IT GmbH im Vorjahr begonnen hat und für dessen technische Ausstattung eine Anzahlung geleistet wurde, ist fertig gestellt worden.

c) Sie haben gehört, dass es für das Anlagenverzeichnis im Handelsgesetzbuch besondere Bestimmungen gibt.

Welche **2** der folgenden Feststellungen bezüglich des Anlagenverzeichnisses treffen zu?

1. Personengesellschaften sind nicht verpflichtet, ein Anlagenverzeichnis zu erstellen und zu veröffentlichen.

2. In das Anlagenverzeichnis müssen auch alle GWG aufgenommen werden.

3. Das Anlagenverzeichnis kann die körperliche Bestandsaufnahme ersetzen, wenn alle erforderlichen Angaben enthalten sind.

4. Das Anlagenverzeichnis darf nicht in einem Buchhaltungsprogramm geführt werden, sondern muss immer in Papierform erstellt werden.

5. Bei Personengesellschaften kann das Anlagenverzeichnis die körperliche Bestandsaufnahme nicht ersetzen.

3) Ihnen liegt auch die Bilanz der IT GmbH aus dem letzten Jahr vor. Um später die Entwicklung des Unternehmens besser analysieren zu können, benötigen Sie Vergleichskennzahlen aus dieser Vorjahresbilanz.

Aktiva	Bilanz der IT GmbH zum 31.12. (in €)		Passiva		
	Berichtsjahr	Vorjahr		Berichtsjahr	Vorjahr
A. Anlagevermögen			**A. Eigenkapital**		
1. Grundstücke und Bauten	690.000	710.000	I. Gezeichnetes Kapital	100.000	100.000
2. Andere Anlagen, BGA	248.000	250.000	II. Gewinnrücklagen	550.000	451.600
B. Umlaufvermögen			III. Jahresüberschuss	136.000	131.200
I. Vorräte			**B. Rückstellungen**		
1. Roh-, Hilfs- und Betriebsstoffe	25.000	28.000	1. Pensionsrückstellungen	154.500	130.200
2. Unfertige Erzeugnisse	15.000	19.000	2. Steuerrückstellungen	25.000	24.000
3. Fertige Erzeugnisse & Handelswaren	58.000	69.000	3. Sonstige Rückstellungen		
II. Forderungen und sonst.					
Vermögensgegenstände			**C. Verbindlichkeiten**		
1. Ford. aus L+L	76.500	89.000	1. Verbindlichkeiten ggü. Kreditinstituten[1]	330.540	451.400
2. Sonst. Forderungen	25.450	28.640	2. Erhaltene Anzahlungen	25.960	15.490
III. Schecks, Kassenbestände,			3. Verbindlichkeiten aus L+L	125.200	125.600
Guthaben bei Kreditinstituten	285.000	215.500			
C. Rechnungsabgrenzungsposten	30.450	28.750	**D. Rechnungsabgrenzungsposten**	6.200	8.400
	1.453.400	**1.437.890**		**1.453.400**	**1.437.890**

[1] Davon mit einer Laufzeit von mehr als 5 Jahren: 300.000 €.

a) Zur Darstellung der Zahlungsfähigkeit der IT GmbH benötigen Sie die Liquidität 2. Grades für das Berichtsjahr.

Geben Sie diese an (gehen Sie davon aus, dass der Jahresüberschuss des Berichtsjahres in voller Höhe im Unternehmen verbleibt)! Runden Sie das Ergebnis auf eine ganze Zahl!

b) Im Berichtsjahr wurde der gesamte Jahresüberschuss einbehalten, um das weitere Wachstum der IT GmbH zu finanzieren.

Welcher Anteil des Jahresüberschusses wurde im Vorjahr an die Gesellschafter der IT GmbH ausgeschüttet?

1) Die IT GmbH ist als Dienstleistungsunternehmen in einem umkämpften Markt darauf angewiesen, die Preise so zu kalkulieren, dass sie bei attraktiven Aufträgen ein besseres Preis-Leistungs-Verhältnis bieten kann als die Wettbewerber. Die Kapazitäten der IT GmbH sind derzeit nur unzureichend ausgelastet, sodass die Geschäftsleitung sich bemüht, weitere Aufträge zu akquirieren. Sie sollen bei der Preisverhandlung helfen, indem Sie für die beiden fraglichen Aufträge eine fundierte Kalkulationsgrundlage ermitteln.

a) Die Angebotspreise der IT GmbH werden traditionell mit dem Zuschlagskalkulationsverfahren berechnet. Grundlage der Kalkulation sind im Rahmen der Kostenträgerzeitrechnung regelmäßig ermittelte Zuschlagssätze.

Kosten	Auftrag I (in €)	Auftrag II (in €)
Material & Handelswaren	9.500,00	14.300,00
Materialgemeinkosten (15 %)		
Löhne Mitarbeiter	2.500,00	3.700,00
Gemeinkostenzuschlag Lohn (40 %)		
Herstellkosten		
Verwaltungsgemeinkosten (20 %)		
Vertriebsgemeinkosten (15 %)		
Selbstkosten		
Gewinnspanne (8%)		
Skonto (3%)		
Nettopreis		

aa) Wie hoch sind die Selbstkosten für Auftrag I?

ab) Wie hoch ist der Nettopreis für Auftrag II?

b) Üblicherweise erhebt die IT GmbH einen Gewinnzuschlag von 8 Prozent auf die kalkulierten Selbstkosten. Aus den Verhandlungen mit den Kunden weiß der Geschäftsleiter aber, dass der Kunde für Auftrag I maximal 21.000 € und der Kunde von Auftrag II maximal 28.000,00 € zu zahlen bereit sind.

Sie halten die Zuschlagskalkulation in Anbetracht der Kapazitätsreserven des Unternehmens für ungeeignet. Sie haben daher die mit den Aufträgen verbundenen Kosten in variable und fixe Kosten unterteilt.

	Auftrag I (in €)	Auftrag II (in €)
Umsatzerlös	21.000,00	28.000,00
./. Material & Handelswaren	9.500,00	14.300,00
./. Löhne Mitarbeiter	2.500,00	3.700,00
./. variable Gemeinkosten	7.250,00	6.500,00
Fixe Kosten	7.547,50	

ba) Wie hoch ist der Deckungsbeitrag I für Auftrag I?

bb) Wie hoch ist der Deckungsbeitrag I für Auftrag II?

c) Der Geschäftsleiter fragt Sie, ob er beide Aufträge annehmen soll, oder ob er den Auftrag II lieber ablehnen soll, da der erzielbare Preis unterhalb der Selbstkosten liegt.

Welche Ihrer folgenden Feststellungen ist in diesem Zusammenhang zutreffend?

1. Sofern die IT GmbH nicht voll ausgelastet ist, sollte grundsätzlich jeder Auftrag angenommen werden, egal ob er die Selbstkosten vollständig erwirtschaftet oder nicht. Dies erhöht auf jeden Fall den Gewinn.

2. Die IT GmbH sollte grundsätzlich alle Aufträge annehmen, bei denen der Preis über den variablen Kosten liegt, da auf diese Weise ein Beitrag zur Deckung der Fixkosten erzielt wird.

3. Kurzfristig kann die IT GmbH bei verfügbaren Kapazitäten alle Aufträge mit positivem Deckungsbeitrag annehmen. Langfristig muss aber sichergestellt werden, dass das Unternehmen kostendeckend arbeitet und zumindest die Selbstkosten erwirtschaftet.

4. Bei Kapazitätsengpässen sollten grundsätzlich die Aufträge mit den höchsten absoluten Deckungsbeiträgen angenommen werden, um den Gewinn zu maximieren.

d) Beim Verkauf von Handelswaren entstehen der IT GmbH aus der Abwicklung mit den Lieferanten eine Reihe fixer Kosten. Bei den einzelnen Artikeln ist daher zu prüfen, ob die Verkaufsmenge ausreicht, um diese Kosten zu decken.

Welche **2** der nachfolgenden Informationen enthält der Break-even-Punkt in diesem Zusammenhang?

Der Break-even-Punkt gibt in diesem Zusammenhang an, ...

1. bei welcher Absatzmenge der maximale Gewinn erreicht werden kann.

2. bei welcher Absatzmenge der maximale Umsatz erreicht werden kann.

3. bei welcher Absatzmenge die Fixkosten genauso hoch sind wie der Deckungsbeitrag.

4. bei welcher Absatzmenge der Umsatz genauso hoch ist wie die Gesamtkosten.

5. bei welcher Absatzmenge die Stückerlöse die variablen Stückkosten decken.

6. bei welcher Absatzmenge die Kapazitätsgrenze des Unternehmens erreicht wird.

Aufgabe 2.3

2) In der Kostenträgerrechnung gibt es verschiedene Kalkulationsverfahren, die eine an die eingesetzten Produktionsverfahren angepasste Kalkulation ermöglichen sollen.

a) Welche **2** der nachfolgenden Kalkulationsverfahren eignen sich für einen Dienstleistungsbetrieb wie die IT-Expert GmbH besonders?

1. Die Divisionskalkulation eignet sich auch bei sehr verschiedenartigen Produkten und kann daher in der IT GmbH eingesetzt werden.

2. Der Bereich „Helpdesk" ist aufgrund der teuren Call-Center-Technik vergleichsweise anlageintensiv, sodass eine Kalkulation mit Maschinenstundensätzen in Betracht kommt.

3. Die Leistungserstellung in einem Dienstleistungsbetrieb ist aufgrund des Projektcharakters der Aufträge am ehesten mit einer Einzelfertigung vergleichbar, sodass die Zuschlagskalkulation eingesetzt werden kann.

4. Bei Einsatz der Divisionskalkulation muss aufgrund der für Dienstleistungsbetriebe typischen Produktion auf Lager das zweistufige Divisionskalkulationsverfahren eingesetzt werden.

5. Gerade bei großen Projektaufträgen ist eine mitlaufende Kalkulation unausweichlich, um Kostenabweichungen, die die Wirtschaftlichkeit der Leistungserstellung gefährden, rechtzeitig zu erkennen.

b) Auch bei der IT GmbH entstehen Sondereinzelkosten des Vertriebs.

Welche **2** Feststellungen sind in diesem Zusammenhang zutreffend?

1. Die Sondereinzelkosten des Vertriebs werden als prozentualer Zuschlag auf die Vertriebsgemeinkosten kalkuliert.

2. Sondereinzelkosten des Vertriebs gehen als absoluter Betrag in die Kalkulation ein.

3. Die Sondereinzelkosten des Vertriebs werden als prozentualer Zuschlag auf die Herstellkosten kalkuliert.

4. Zu den Sondereinzelkosten des Vertriebs gehören bei der IT GmbH auch die Kosten für Anzeigen in der regionalen Tagespresse.

5. Die für einen Kundenauftrag vorgenommene (Vor-)Finanzierung durch die IT GmbH führt zu Sondereinzelkosten des Vertriebs.

6. Die IT GmbH hat eine wichtige Ausschreibung eines Stammkunden zum Anlass genommen, die Imagebroschüre des Unternehmens neu aufzulegen. Bei den hierfür entstandenen Aufwendungen handelt es sich um Sondereinzelkosten des Vertriebs.

1) Die IT GmbH arbeitet sowohl bei der Errichtung von Netzwerken als auch bei der Entwicklung von Software nur nach vorherigem Kundenauftrag. Bis zur Abrechnung der Aufträge müssen aber die benötigten Materialen und Geräte finanziert werden. Um den Bestand des Unternehmens zu sichern, ist daher die Finanzplanung von besonderer Bedeutung.

(Werte in €)	März	April	Mai	Juni	Juli
Zahlungsmittelbestand	**145.000,00**	**124.750,00**	**42.614,00**	**37.574,00**	**42.074,00**
Auszahlungen					
Material/Handelswaren	85.400,00	114.300,00	106.350,00	97.400,00	102.350,00
Löhne	185.200,00	186.700,00	188.600,00	195.400,00	195.500,00
Zinsen	20.200,00	20.100,00	20.050,00	20.150,00	20.170,00
Sonstige	6.450,00	9.436,00	4.440,00	3.800,00	3.940,00
SUMME	**297.250,00**	**330.536,00**	**319.440,00**	**316.750,00**	**321.960,00**
Einzahlungen					
Umsatz	310.400,00	248.000,00	279.400,00	314.800,00	329.490,00
Sonstige				6.450,00	
SUMME	**310.400,00**	**248.400,00**	**279.400,00**	**321.250,00**	**329.490,00**
Finanzmittelüberschuss	13.150,00			4.500,00	7.530,00
Finanzmittelfehlbetrag		82.136,00	40.040,00		
Kreditinanspruchnahme			35.000,00		
Kredittilgung	33.400,00				10.000,00
aktuelle Kreditinanspruchnahme	**0**	**0**	**35.000,00**	**35.000,00**	**25.000,00**

a) Die IT GmbH hat mit ihrer Hausbank vereinbart, dass sie eine Kreditlinie von 100.000,00 € ohne Rücksprache mit der Bank in Anspruch nehmen darf. Im Mai nimmt die IT GmbH diese Kreditlinie im laufenden Jahr erstmals in Anspruch, obwohl der Zahlungsmittelbestand ausreicht, um den Zahlungsverpflichtungen nachzukommen.

Welcher Grund spricht für diese Kreditaufnahme?

1. Die IT GmbH hat mit der Hausbank eine Kreditlinie vereinbart. Da die Zinsen auch dann zu zahlen sind, wenn der Kredit nicht in Anspruch genommen wird, nimmt die IT GmbH bei geringem Kassenbestand immer den Kredit in Anspruch.

2. Die Planung auf Monatsebene ist sehr grob. Um jederzeit zahlungsfähig zu bleiben, muss die IT GmbH immer über einen gewissen Sicherheitsbestand an liquiden Mitteln verfügen.

3. Die IT GmbH plant im Juni eine größere Investition in ihr Call Center. Um auch diese Investition finanzieren zu können, wird bereits im Mai der Kredit aufgenommen.

4. Im Juni wird ein neuer Mitarbeiter für die Buchhaltungsabteilung eingestellt, dessen Gehalt in der ursprünglichen Planung nicht enthalten war. Diesem Umstand wird durch Aufnahme des Kredits Rechnung getragen.

b) Wie hoch ist der Zahlungsmittelbestand zu Beginn des Monats August?

2) Im Rahmen der Finanzplanung steuert die IT GmbH auch die offenen Forderungen des Unternehmens, um Zahlungsausfälle so weit wie möglich zu vermeiden.

a) Eine Rechnung der IT GmbH an einen Kunden ist am 23. März des Jahres 13 fällig geworden.

Wann tritt die Verjährung dieser Forderung ein?

1. Die Verjährung tritt am 23. März 16 ein.

2. Die Verjährung tritt am 23. März 15 ein.

3. Die Verjährung tritt am 01. Januar 16 ein.

4. Die Verjährung tritt am 01. Januar 17 ein.

b) Die IT GmbH überlegt, mit welchen Maßnahmen Sie die Frist zwischen Rechnungsstellung und Begleichung der Kundenforderungen verringern kann.

Welche Maßnahme ist hierzu geeignet?

1. Unmittelbare Einleitung rechtlicher Schritte bei Überschreitung des Zahlungsziels

2. Verlängerung des Zahlungsziels bei gleichzeitiger Verlängerung der Skontofrist

3. Verkürzung des bisher gewährten Zahlungsziels und Senkung der Produktpreise

4. Einführung einer gestaffelten Skontokondition, bei der der Skontoabzug im Laufe der Zahlungsfrist schrittweise abnimmt

5. Abschaffung aller bisher gewährten Zahlungsziele

c) Eine weitere Möglichkeit, den Zahlungseingang zu beschleunigen, sieht die Abteilungsleiterin darin, mit einem Factoringunternehmen zusammenzuarbeiten.

Welche **2** Feststellungen zum Factoring sind zutreffend?

1. Durch die Zusammenarbeit mit einer Factoring-Bank kann die IT GmbH ihre Liquidität verbessern. Allerdings verlangt die Factoring-Bank hierfür Gebühren, die die Erlöse der IT GmbH verringern.

2. Die Factoring-Bank übernimmt i.d.R. auch die Kreditorenbuchhaltung, sodass sich die Verwaltungskosten der IT GmbH verringern.

3. Beim Factoring handelt es sich rechtlich um einen Abtretungsvertrag (Zession), bei dem die IT GmbH die Forderungen gegen ihre Kunden an den Factor abtritt.

4. Die IT GmbH bevorzugt das offene Factoring, da bei diesem Verfahren die Kunden nicht erfahren, dass die Forderungen abgetreten wurden.

Aufgabenblock 3

Ihre Notizen

Situation zum Aufgabenblock 3

Die Grünwald Brauerei GmbH & Co. KG ist eine führende Regionalbrauerei in Süddeutschland. In den letzten Jahren ist das Unternehmen im Gegensatz zur Branche insgesamt stark gewachsen. Mittlerweile ist das Unternehmen mit mehreren Marken in unterschiedlichen Marktsegmenten präsent:

- Grünwald Pils (Stammmarke des Unternehmens, Gastronomie und Getränkehandel)
- Grünenbräu (Discounter)
- Grünwald Export (ausschließlich im Fass an Gastronomiebetriebe).

Aufgrund des guten Rufs, den die Produkte des Unternehmens im Stammgebiet besitzen, gelingt es der Brauerei immer mehr, das Absatzgebiet auszudehnen. Mit dem zunehmenden Absatzvolumen geht jedoch auch ein höherer Komplexitätsgrad in der kaufmännischen Steuerung einher. Die Grünwald Brauerei hat sich daher entschieden, zukünftig verstärkt Industriekaufleute auszubilden. Berücksichtigen Sie bei der Bearbeitung der Aufgaben folgende Angaben zum Unternehmen:

1. **Name und Geschäftssitz:** Grünwald Brauerei GmbH & Co. KG,
   Hauptstraße 47, 91054 Erlangen
2. **Geschäftsjahr:** 1. Januar bis 31. Dezember
3. **Bezogene Produkte und Leistungen:**
   - Hopfen, Malz, Quellwasser
   - Abfüllanlagen, Brauereitanks, Flaschen, Fässer, Getränkekisten
4. **Handelswaren:**
   - Biergläser
5. **Mitarbeiter:** 335 Mitarbeiter und 29 Auszubildende
6. **Bankverbindung:** Deutsche Bank, Konto 7550544, BLZ 760 700 24
7. **Absatz (Vorjahr):** 1,6 Millionen Hektoliter (= 160.000.000 Liter)
8. **Umsatz (Vorjahr):** 103.000.000,00 €

Aufgabe 3.1

1) Die Buchhaltung der Grünwald Brauerei GmbH & Co. KG dient der kaufmännischen Steuerung des Unternehmens. Dabei müssen zahlreiche gesetzliche Vorschriften berücksichtigt werden.

   a) Welche **2** der nachfolgenden rechtlichen Grundlagen schreiben die Pflicht zur Buchführung vor?

   1. Handelsgesetzbuch
   2. Gesetz betreffend die Gesellschaften mit beschränkter Haftung
   3. Körperschaftssteuergesetz
   4. Abgabenordnung
   5. Grundsätze ordnungsmäßiger Buchführung (GoB)

b) Die Anforderungen an die Buchhaltung der Unternehmen sind im Handelsgesetzbuch nur teilweise geregelt. Wesentliche Grundsätze ordnungsmäßer Buchführung ergeben sich aus Gerichtsentscheidungen und der kaufmännischen Praxis.

Welche **2** der folgenden Vorgehensweisen widersprechen den GoB?

1. Die Grünwald Brauerei möchte sich international ausrichten. Die Buchhaltung wird daher zukünftig in Englisch geführt, um ausländische Tochterunternehmen leichter integrieren zu können.

2. Um den Aufwand bei der Lagerung von Buchungsbelegen zu reduzieren, digitalisiert die Grünwald Brauerei alle Belege und vernichtet die Originale anschließend.

3. Wenn eine Buchung versehentlich fehlerhaft durchgeführt wurde, wird diese später gelöscht und noch einmal neu gebucht.

4. Die Kasseneinnahmen des Mitarbeiterverkaufsshops der Brauerei werden einmal pro Woche aufgezeichnet.

5. Die Kreditgeschäfte der Grünwald Brauerei werden erst nach Prüfung durch die Rechtsabteilung gebucht.

c) Um die Arbeit der Buchhaltungsabteilung zu erleichtern, werden bei der Grünwald Brauerei GmbH & Co. KG alle Geschäftsbriefe und Belege gescannt und in einem in das Buchhaltungsprogramm integrierten Dokumentenmanagementsystem gespeichert.

Was folgt daraus für die Aufbewahrungsbestimmungen?

1. Belege müssen aufgrund der elektronischen Speicherung nicht mehr zehn, sondern nur noch sechs Jahre aufbewahrt werden.

2. Die Bilanz muss nicht mehr in Papierform aufbewahrt werden.

3. Belege für Buchungen brauchen nicht mehr aufbewahrt werden, wenn die Speicherung nach den GoB erfolgt.

4. Wiedergaben der abgesandten Handels- und Geschäftsbriefe müssen nicht aufbewahrt werden.

2) Sie sind in der Debitorenbuchhaltung eingesetzt und helfen bei allen anfallenden Arbeiten mit. Die auf der nächsten Seite abgebildeten Belege müssen noch gebucht werden.

a) Bis wann muss die Getränke Meier oHG die Rechnung begleichen, wenn sie vom Skontoabzug Gebrauch machen will?

Fortsetzung der Aufgabe auf der nächsten Seite!

2) Fortsetzung 45

Belege zu den Aufgaben 2a) bis 2e)

Brauerei Grünwald GmbH & Co. KG

Brauerei Grünwald, Hauptstr. 47, 91054 Erlangen

Getränke Maier oHG
Poststraße 14
86179 Augsburg

RECHNUNG

Bitte bei Zahlungen und Rückfragen angeben!	
Kunden-Nr.	**478**
Rechnungsnr.	**14527**
Lieferdatum	**2014-03-15**
Rechnungsdatum	**2014-03-15t**

Position	Artikel-Nr.	Artikelbezeichnung	Menge	Einzelpreis	Gesamtpreis
1	415	Grünwald Pils 20 x 0,5 l Mehrweg	40	7,65 €	306,00 €
2	416	Pfand	40	2,67 €	106,80 €
3	428	Grünwald Pils 24 x 0,33 l Mehrweg	20	6,95 €	139,00 €
4	429	Pfand	20	2,95 €	59,00 €
5	514	Grünwald Biergläser 20iger	15	30,08 €	451,20 €
6	678	Grünwald Export Fass 50 l	20	33,84 €	676,80 €
7	500	Pfand Fässer 50 l	35	21,55 €	754,25 €

Anzahl Artikel	Gesamt- gewicht	Packungs- einheiten	Lieferweg	Zwischen- summe	USt-Satz	USt	Endbetrag
				2.493,05 €	**19%**	**473,68 €**	**2.966,73 €**

Bitte überweisen Sie den Rechnungsbetrag innerhalb von 10 Tagen ab Rechnungs-
datum unter Abzug von 3 % Skonto vom Warenwert (von Pandbeträgen darf kein
Skontoabzug erfolgen!) oder innerhalb von 30 Tagen ohne Abzug auf unser Konto
7550544 bei der Deutschen Bank, BLZ 760 700 24.

Die Ware bleibt bis zur vollständigen Bezahlung unser Eigentum! Es gelten die
Bestimmungen des verlängerten Eigentumvorbehalts.

Wir danken für Ihren Auftrag!

Geschäftsräume:	Tel.:	(09131) 324-0	Geschäftsführer:	HRB:	48567
Hauptstr. 47	Fax:	(09131) 324-11	Jan Hopfen	Ust-ID:	DE584763258
91054 Erlangen	e-mail:	info@gruenwald.de	Stefan Malz	Internet:	www.gruenwald.de

Fortsetzung der Aufgabe auf der nächsten Seite!

2) Fortsetzung

Belege zu den Aufgaben 2a) bis 2e)

Brauerei Grünwald GmbH & Co. KG

Leergutrücknahme

Bitte bei Zahlungen und Rückfragen angeben!	
Kunden-Nr.	**478**
Kunde	**Getränke Meier oHG**
Pfandbeleg Nr.	**2014-1245**
Datum	**2014-03-17**

Position	Artikel-Nr.	Artikelbezeichnung	Menge	Einzelpreis	Gesamtpreis
1	416	Getränkekisten 20 x 0,5 l	35	2,67 €	93,45 €
4	429	Getränkekisten 24 x 0,33 l	23	2,95 €	67,85 €
7	500	Fässer 50 l	30	21,55 €	646,50 €

Anzahl Artikel	Gesamt-gewicht	Packungs-einheiten	Lieferweg	Zwischen-summe	USt-Satz	USt	GUTHABEN
		88		807,80 €	19%	143,48 €	961,28 €

Geschäftsräume:	Tel.: (09131) 324-0	Geschäftsführer:	HRB: 48567
Hauptstr. 47	Fax: (09131) 324-11	Jan Hopfen	Ust-ID: DE584763258
91054 Erlangen	e-mail: info@gruenwald.de	Stefan Malz	Internet: www.gruenwald.de

Fortsetzung der Aufgabe auf der nächsten Seite!

2) Fortsetzung

Auszug aus dem Kontenplan

1. Forderungen aus Lieferungen und Leistungen (240)
2. Vorsteuer (260)
3. Bank (280)
4. Kasse (288)
5. Verbindlichkeiten aus Lieferungen und Leistungen (440)
6. Umsatzsteuer (480)
7. Sonstige Verbindlichkeiten gegenüber Finanzbehörden (483)
8. Umsatzerlöse für eigene Erzeugnisse (500)
9. Umsatzerlöse für Waren (510)
10. Erlösberichtigungen (5001)
11. Sonstige Umsatzerlöse (519)
12. Aufwendungen für Waren (608)
13. Verbrauchsteuern (708)

b) Bilden Sie anhand des oben stehenden Auszugs aus dem Kontenrahmen den Buchungssatz für die Ausgangsrechnung vom 15. März!

Soll	Haben

c) Die Firma Meier hat dem Fahrer der Grünwald Brauerei bei der Auslieferung am 17. März im Tausch Leergut zurückgegeben (siehe den Leergutbeleg). Nehmen Sie die entsprechende Buchung vor!

Soll	Haben

d) Die Firma Meier macht von der Möglichkeit Gebrauch, innerhalb von 10 Tagen unter Abzug von 3 % Skonto zu zahlen.

Welchen Betrag überweist die Firma Meier (brutto)?

e) Der Zahlungseingang der Firma Meier auf dem Konto der Brauerei ist am 23. März erfolgt.

Nehmen Sie die erforderliche Buchung vor!

Soll	Haben

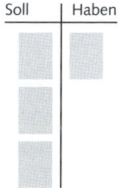

Hinweis: Für die Rückgabe der Leihgebinde ist keine Buchung mehr erforderlich, da die Forderung gegenüber der Firma Meier bereits berichtigt wurde (Aufgabe b)).

f) Die Grünwald Brauerei führt für jeden Kunden ein eigenes Kontokorrentkonto (Debitorenkonto).

Welche **2** Feststellungen sind im Zusammenhang mit Debitorenkonten richtig?

1. Debitorenkonten gehören zu den Nebenbüchern.
2. Debitorenkonten sind ein besonderer Bereich im Journal.
3. Nur anhand der Debitorenkonten wird ersichtlich, welche Verbindlichkeiten die Grünwald Brauerei gegenüber Lieferanten hat.
4. Debitorenkonten verhindern eine Überlastung der Buchhaltungssoftware bei einer sehr großen Anzahl von Kunden.
5. Durch Auswertung der Debitorenkonten gewinnt die Grünwald Brauerei Informationen für das Absatzmarketing und die Forderungssteuerung.

Aufgabe 3.2

1) Die Grünwald Brauerei hat am 1. Januar 2007 eine neue Abfüllanlage erworben. Erwerb und Installation der Anlage haben insgesamt 9.500.000,00 € gekostet. Im Verlauf der letzten Jahre wurden die gesetzlichen Regelungen bzgl. der degressiven Abschreibung häufig verändert. Die folgende Tabelle zeigt diese Veränderungen:

Maximal zulässige degressive Abschreibung		
Jahr der Anschaffung	**Relativregel**	**Absolutregel**
2001 bis 2005	2 x der linearen Abschreibung	maximal 20 % p. a.
2006 und 2007	3 x der linearen Abschreibung	maximal 30 % p. a.
2008	Abschaffung der degressiven Abschreibung	
2009 bis 2010	2,5 x der linearen Abschreibung	maximal 25 % p. a.
2011	Abschaffung der degressiven Abschreibung	

a) Die Grünwald Brauerei möchte zu Beginn der Nutzung möglichst hohe Beträge abschreiben und wählt daher die geometrisch-degressive AfA. Ihr Abteilungsleiter Herr David geht davon aus, dass eine Nutzungsdauer von 15 Jahren anzusetzen ist.

Wie hoch ist der jährliche Abschreibungssatz in diesem Fall? Runden Sie das Ergebnis auf zwei Stellen nach dem Komma!

b) Sie haben Zweifel daran, ob die Nutzungsdauer von 15 Jahren zutreffend ist und möchten sich informieren.

Wo können Sie die steuerliche Nutzungsdauer für die Abfüllanlage nachschlagen?

1. Im Handelsgesetzbuch

2. In den GoB

3. Im Einkommensteuergesetz

4. In den AfA-Tabellen des Bundesfinanzministeriums

5. Im Einkommensteuerdurchführungsgesetz

c) Sie haben eine Nutzungsdauer von 10 Jahren ermittelt. Herr David bittet Sie, den Abschreibungsplan für die Abfüllanlage zu erstellen.

Jahr	Buchwert	geometrisch-degressiver Abschreibungsbetrag	Restbuchwert	Restnutzungsdauer	linearer Abschreibungsbetrag
1	9.500.000,00 €			10	
2				9	
3				8	
4				7	
5				6	
6				5	
7				4	
8				3	
9				2	
10				1	

ca) Wie hoch ist der von Ihnen verwendete geometrisch-degressive Abschreibungssatz?

cb) Wie hoch ist der Abschreibungsbetrag für die geometrisch-degressive Abschreibung im Jahr 3?

cc) In welchem Jahr erfolgt der Wechsel von der geometrisch-degressiven Abschreibung auf die lineare Abschreibung?

d) Die Grünwald Brauerei hat im Zusammenhang mit der Errichtung einer Abfüllanlage auch ein Gründstück erworben.

Welche der folgenden Feststellungen ist bezüglich einer etwaigen Abschreibung des Grundstücks zutreffend?

1. Das Grundstück kann planmäßig linear über die Nutzungsdauer abgeschrieben werden.

2. Neben der linearen Abschreibung ist bei dem Grundstück in Ausnahmefällen planmäßig auch die geometrisch-degressive Abschreibung zulässig.

3. Abschreibungen auf Grundstücke sind in keinem Fall zulässig.

4. Bei Grundstücken kommen nur außerplanmäßige Abschreibungen in Betracht.

5. Keine der vier Feststellungen ist zutreffend.

2) Im Rahmen der Vorbereitungen zur Erstellung des Jahresabschlusses bewertet die Grünwald Brauerei die Forderungen aus Lieferungen und Leistungen zum 31. Dezember des Geschäftsjahres. Hierzu haben Sie aus dem elektronischen Buchhaltungssystem des Unternehmens die nachfolgende Saldenliste für alle nicht ausgeglichenen Debitorenkonten abgerufen.

Saldenliste Debitoren 01.01. bis 31.12.					
Konto	Bezeichnung	Saldovortrag	SOLL	HABEN	SALDO
D00102	Getränke Meier oHG	3.580,00	35.480,00	37.840,00	1.220,00
D00105	Augsburg Lebensmittel KG	4.250,00	389.567,00	392.580,00	1.237,00
D00112	Getränke Walter GmbH		498.532,00	495.200,00	3.332,00
D00215	Hotel Haverkamp GmbH	1.250,00	19.850,00	14.680,00	6.420,00
D00325	Ahrendt Catering GbR	1.450,00	9.580,00	9.950,00	1.080,00
D00335	Spielparadies Freiwald GmbH	2.530,00	14.587,00	14.120,00	2.997,00

a) Wie hoch ist der Bestand an Forderungen aus Lieferungen und Leistungen zum 31. Dezember?

b) Sie haben erfahren, dass über das Vermögen der Ahrendt Catering GbR das Insolvenzverfahren eröffnet wurde.

Wie ist die offene Forderung zu behandeln?

1. Die Forderung ist voll abzuschreiben, da bei einer GbR nur selten eine Rückzahlung von Forderungen im Insolvenzverfahren erfolgt.

2. Die Forderung ist zunächst auf das Konto „247 Zweifelhafte Forderungen" umzubuchen. Anschließend ist eine vollständige Abschreibung der Forderung vorzunehmen.

3. Da bei Forderungen das gemilderte Niederstwertprinzip gilt, ist im Moment noch kein Handlungsbedarf gegeben.

4. Die Forderung ist zunächst auf das Konto „247 Zweifelhafte Forderungen" umzubuchen. Anschließend ist eine Einzelwertberichtigung vorzunehmen.

c) Auch bei Forderungen, für die keine Hinweise vorliegen, die eine niedrigere Bewertung erforderlich machen, ist mit Forderungsausfällen zu rechnen. Auf die nicht einzelwertberichtigten Forderungen nimmt die Grünwald Brauerei daher eine Pauschalwertberichtigung vor. Jedes Jahr wird vom Nettowert der Forderungen ein bestimmter Prozentsatz abgeschrieben.

Wie bestimmt die Grünwald Brauerei den für die Abschreibung zu verwendenden Prozentsatz?

1. Die Grünwald Brauerei verwendet den in den AfA-Tabellen für Pauschalwertberichtigungen vorgegebenen Abschreibungssatz.

2. Die Grünwald Brauerei verwendet die langjährig beobachtete Forderungsausfallquote des Unternehmens als Abschreibungssatz.

3. Die Grünwald Brauerei verwendet den vom Bundesverband der Industrie veröffentlichten Abschreibungssatz für die Pauschalwertberichtigung.

4. Die Grünwald Brauerei verwendet die beobachtete Forderungsausfallquote des Interessenverbands deutscher Regionalbrauereien e.V.

5. Die Grünwald Brauerei schätzt den zu erwartenden Forderungsausfall unter Berücksichtigung der gesamtwirtschaftlichen Entwicklung.

3) Sie erleben zum ersten Mal die Erstellung des Jahresabschlusses der Grünwald Brauerei GmbH & Co. KG mit. Besonders spannend erscheint Ihnen die Frage der Gewinnverwendung.

a) Für die Buchung der Entnahmen und Einlagen der Gesellschafter der Grünwald Brauerei sind Privatkonten eingerichtet worden.

Welcher Zusammenhang besteht zwischen den Veränderungen der Privatkonten und dem Eigenkapital bzw. dem Gewinn der Grünwald Brauerei?

1. Die Privatentnahme eines Gesellschafters mindert den Gewinn der Grünwald Brauerei.

2. Die Privateinlage eines Gesellschafters verändert das Eigenkapital der Grünwald Brauerei nicht.

3. Der Gewinn der Grünwald Brauerei kann berechnet werden, indem zur Eigenkapitalveränderung im Wirtschaftsjahr die Privatentnahmen hinzugezählt und die Privateinlagen abgezogen werden.

4. Die Privatkonten sind Unterkonten des Gewinn- und Verlustkontos.

5. Keine der Aussagen ist zutreffend.

b) Wer entscheidet in der Grünwald Brauerei nach Gesetz über die Gewinnverwendung?

1. Nach einer ggf. erforderlichen Einstellung eines Teils des Gewinns in die gesetzliche Rücklage entscheiden die Gesellschafter über die Verwendung des verbliebenen Gewinns.

2. Die Gesellschafter können über die Verwendung des Gewinns frei entscheiden.

3. Die Geschäftsführer entscheiden über die Verwendung des Gewinns.

4. Die Gewinnverwendung ergibt sich aus § 168 HGB.

c) Da die Grünwald Brauerei auch in den nächsten Jahren einige größere Investitionen tätigen möchte, verzichten die Gesellschafter auf die Ausschüttung des ihnen zustehenden Gewinns.

Worum handelt es sich hierbei?

1. Eigen- und Innenfinanzierung

2. Eigen- und Außenfinanzierung

3. Fremd- und Innenfinanzierung

4. Fremd- und Außenfinanzierung

d) Die Grünwald Brauerei kann sich sowohl über Eigenkapital als auch über Fremdkapital finanzieren. Beide Finanzierungsformen haben Vor- und Nachteile.

Welche **2** Vorteile hat die Finanzierung über Eigenkapital für eine Regionalbrauerei wie die Grünwald Brauerei?

1. Ein Eigenkapitalgeber beteiligt sich auch an einem möglicherweise auftretenden Verlust bei der Grünwald Brauerei.

2. Eigenkapital steht in der Regel befristet zur Verfügung, da die Gesellschafter einen Anspruch auf Entnahme der in das Unternehmen investierten Mittel für private Zwecke haben.

3. Wenn die Gesamtkapitalrentabilität der Grünwald Brauerei über den Kosten für Fremdkapital liegt, steigert eine hohe Eigenkapitalquote die Eigenkapitalrentabilität des Unternehmens.

4. Die Finanzierung über Eigenkapital erhöht die Kreditwürdigkeit des Unternehmens und reduziert daher die Kosten für Fremdkapital.

5. Bei der Finanzierung über Eigenkapital entstehen keine Mitspracherechte des Kapitalgebers. Fremdkapitalgeber nehmen dagegen i.d.R. Einfluss auf die Geschäftspolitik.

Aufgabe 3.3

1) Die Kostenstellenrechnung der Grünwald Brauerei hat die Aufgabe, die Gemeinkosten des Unternehmens den für die Entstehung verantwortlichen Bereichen zuzuordnen.

Grünwald Brauerei GmbH & Co. KG		Auszug aus dem Betriebsabrechnungsbogen Geschäftsjahr XX				
Kostenart	€	Zuschlagsgrundlage	Kostenstellen			
			Material	Produktion	Verwaltung	Vertrieb
Aufw. für Hilfsstoffe	2.850.100,00	Materialentnahmeschein	855.030,00	1.425.050,00	427.515,00	142.505,00
Aufw. für Energie	8.569.200,00	Zähler				
Fremdinstandhaltung	985.400,00	Rechnungen	98.540,00	591.240,00	197.080,00	98.540,00
Gehälter	21.450.000,00	Stellenbesetzung	4.290.000,00	8.580.000,00	3.861.000,00	4.719.000,00
Aufw. für Kommunikation	19.870.500,00	Belege	993.525,00	496.762,50	1.490.287,50	16.889.925,00
Versicherungsbeiträge	478.500,00	Versicherungsverträge	95.700,00	287.100,00	71.775,00	23.925,00
Betriebliche Steuern	2.540.600,00	1:1:4:2	317.575,00	317.575,00	1.270.300,00	635.150,00
Kalkulat. Abschreibungen	6.489.500,00	Anlagendatei	648.950,00	3.893.700,00	1.297.900,00	648.950,00
Kalkulat. Zinsen	890.650,00	Betriebsnotw. Vermögen	89.065,00	623.455,00	89.065,00	89.065,00
Kalkulat. Miete	1.245.600,00	Raumgröße				
Summe Gemeinkosten	**65.370.050,00**					

a) Ihnen liegt der abgebildete, noch unvollständige Auszug aus dem Betriebsabrechnungsbogen für das letzte Geschäftsjahr vor.

Nehmen Sie anhand der oben stehenden und der nachfolgenden Daten die Verteilung der Aufwendungen für Energie und der kalkulatorischen Miete vor! Runden Sie dabei Zwischenergebnisse auf fünf Nachkommastellen und Endergebnisse auf zwei Nachkommastellen!

	Material	Produktion	Verwaltung	Vertrieb
Verbrauch in kWh	16 120 000	68 540 000	18 430 500	4 540 200
m²	14 300	29 500	8 200	4 260

aa) Wie hoch ist die kalkulatorische Miete pro Quadratmeter? Runden Sie das Ergebnis auf zwei Stellen nach dem Komma!

ab) Wie hoch sind die insgesamt auf die Kostenstelle „Produktion" entfallenden Gemeinkosten?

b) Die einer Kostenstelle zuzurechnenden Kosten werden in Kostenstelleneinzelkosten und Kostenstellengemeinkosten unterteilt.

Bei welchen Kosten handelt es sich um Kostenstellengemeinkosten?

1. Prämien für die Sachversicherungen
2. Gehalt des Werksleiters
3. Werbeaufwand
4. Gehälter der Mitarbeiter im Verkauf
5. Fremdinstandhaltung
6. Stromkosten

c) Wozu benötigt die Grünwald Brauerei das System der Kostenstellenrechnung? (**2** Lösungen)

   1. Um Zuschlagssätze abzuleiten, mit denen die Gemeinkosten auf die Kostenträger verteilt werden.

   2. Um die sachliche und zeitliche Abgrenzung der Aufwendungen und Erträge im Rahmen der Erstellung des Jahresabschlusses vorzunehmen.

   3. Um im Rahmen der Wirtschaftlichkeitskontrolle die Kosten für die innerbetriebliche Leistungserstellung mit Preisen an den Beschaffungsmärkten zu vergleichen.

   4. Um die Kostenträgereinzelkosten mit systematisch ermittelten Zuschlagssätzen den einzelnen Kostenträgern zuzuordnen.

   5. Um im Rahmen des Controlling rechtzeitig auf Preisänderungen an den Absatzmärkten reagieren zu können.

2) Die Grünwald Brauerei braut drei verschiedene Biermarken, die sich im Hinblick auf die Herstellung in einzelnen Punkten leicht unterscheiden. Zur Ermittlung der Kosten pro Hektoliter setzt die Grünwald Brauerei das Verfahren der Äquivalenzziffernkalkulation ein.

	A	B	C	D	E	F	G
1	Sorte	frühere Istkosten je Hektoliter	Äquivalenzziffer	Produktion im akt. Jahr	Rechnungs- einheiten	Gesamtkosten je Erzeugnis	Kosten pro Hektoliter
2	Grünwald Pils	51,52 €		845 000 hl			
3	Grünenbräu	46,38 €		632 000 hl			
4	Grünwald Export	58,56 €	1	316 600 hl	316.600		

a) Geben Sie die Äquivalenzziffer für Grünwald Pils an! Runden Sie das Ergebnis auf zwei Stellen nach dem Komma!

b) Im aktuellen Geschäftsjahr sind für die Herstellung der drei Biersorten Kosten in Höhe von 94.520.000,00 € angefallen.

   Wie hoch sind die Kosten je Rechnungseinheit? Runden Sie das Ergebnis auf zwei Stellen nach dem Komma!

c) Mit welcher Formel können Sie mit einem Tabellenkalkulationsprogramm die Rechnungseinheiten so berechnen, dass Sie die Formel in alle Zellen kopieren können?

   1. C$2 * D$2

   2. C2 * D2

   3. C2 * D2

   4. $C2 * $D2

d) Wie hoch sind die aktuellen Kosten je Hektoliter für die Marke Grünwald Pils? Rechnen Sie mit den gerundeten Werten aus den Aufgaben a) und b) und runden Sie das Ergebnis auf zwei Stellen nach dem Komma!

e) Sie haben festgestellt, dass die Äquivalenzziffernkalkulation ein in der Anwendung sehr einfaches Verfahren der Kostenträgerstückrechnung ist. Allerdings ist das Verfahren nicht bei allen Arten von Produktionsunternehmen geeignet.

Bei welchen der **2** folgenden Unternehmen kann die Äquivalenzziffernkalkulation eingesetzt werden?

1. Herstellung von Feinblechen (Walzwerk)

2. Automobilproduktion

3. Großlackiererei

4. Bergwerk

5. Produzent von Mikroprozessoren

6. Getreidemühle (Produktion unterschiedlicher Mehlsorten)

f) Die Ermittlung der Äquivalenzziffern erfolgt in der Regel durch einmalige genaue Aufzeichnung der bei der Produktion der einzelnen Erzeugnisse entstehenden Kosten oder der zugrunde liegenden technischen Werte wie Volumen, Gewicht, Produktionsdauer etc.

Welches Problem kann diese einmalige Aufzeichnung bei der zukünftigen Verwendung der so ermittelten Äquivalenzziffern hervorrufen?

1. Die prozentualen Anteile der einzelnen Produkte an der Gesamtproduktion können sich verändern. Dies wird in den Äquivalenzziffern dann jedoch nicht berücksichtigt.

2. Die pro Rechnungseinheit anfallenden Kosten verändern sich von Jahr zu Jahr. Daher müssten die Äquivalenzziffern eigentlich jedes Jahr neu bestimmt werden.

3. Die Äquivalenzziffern sind nur bei gleich bleibenden Gesamtkosten für die Bestimmung der Stückkosten geeignet. Ändern sich die Gesamtkosten, so müssen die Äquivalenzziffern neu bestimmt werden.

4. Es besteht die Gefahr, dass durch die einmalige Ermittlung der Äquivalenzziffern bei deren Berechnung aufgetretene Fehler über Jahre hinweg zu falschen Kalkulationen führen.

3) Die Grünwald Brauerei führt im Rahmen der Kosten- und Leistungsrechnung eine Vorkalkulation sowie regelmäßige Nachkalkulationen durch. Besonders intensiv wird über die Kostenträgerrechnung diskutiert, wenn Preisgespräche mit den großen Handelsketten anstehen. Die hier ausgehandelten Preise können i.d.R. erst wieder bei der nächsten Preisgesprächsrunde angepasst werden.

a) Die Vorkalkulation erfolgt anhand von Normalkosten. Dem neuen Azubi ist nicht klar, weshalb über die Normalkosten so intensiv diskutiert wird, da diese sich doch „an den Istkosten vergangener Jahre orientieren". Sie erklären ihm die Zusammenhänge.

Welche **2** Aussagen sind in diesem Zusammenhang zutreffend?

1. Die Normalkosten beruhen auf durchschnittlichen Kosten vergangener Rechnungsperioden. Für die Ermittlung von Mittelwerten gibt es jedoch unterschiedliche Verfahren und die betroffenen Mitarbeiter können sich nie auf ein Verfahren einigen.

2. Die Normalkosten berücksichtigen durchschnittliche Kosten vergangener Perioden, um den Einfluss zufälliger Kostenschwankungen in einer Periode auf die Kalkulation der Grünwald Brauerei zu reduzieren.

3. Die Normalkosten basieren ausschließlich auf den Istkosten des vergangenen Jahres, da diese Werte als neueste verfügbare Werte die aktuelle Kostenentwicklung am genauesten wiedergeben.

4. Neben den durchschnittlichen Kosten vergangener Perioden werden bei der Bestimmung der Normalkosten auch erwartete Preisänderungen auf den Beschaffungsmärkten, erwartete Veränderungen bei der Produktionsmenge und ggf. die Auswirkung von Rationalisierungsmaßnahmen berücksichtigt.

5. Die Bestimmung der Normalkosten erfolgt lediglich anhand der erwarteten Preisänderungen auf den Beschaffungsmärkten, der Entwicklung der Produktionsmenge und der Auswirkung von Rationalisierungsmaßnahmen.

b) Die Nachkalkulation erfolgt bei der Grünwald Brauerei jeweils am Monatsende im Rahmen der Ermittlung des Betriebsergebnisses. Sie fragen sich, ob der Aufwand einer monatlichen Nachkalkulation nicht übertrieben ist und eine Ergebnisermittlung zum Halbjahr und zum Geschäftsjahr nicht ausreicht.

Welche Feststellung ist in diesem Zusammenhang richtig?

1. Die monatliche Nachkalkulation ist erforderlich, um den handelsrechtlichen Rechnungslegungsvorschriften zu genügen.

2. Die monatliche Nachkalkulation ist erforderlich, um die Zahlungsfähigkeit der Brauerei zu erhalten.

3. Die monatliche Nachkalkulation stellt sicher, dass auftretende Kostenabweichungen frühzeitig erkannt werden und Maßnahmen zur Gegensteuerung eingeleitet werden können.

4. Die monatliche Nachkalkulation stellt sicher, dass auf Abweichungen der Absatzmenge frühzeitig durch Preissenkungen reagiert werden kann und so der Verlust von Marktanteilen verhindert wird.

c) Im Rahmen der Nachkalkulation wurde festgestellt, dass die im Vertrieb angefallenen Kosten für Transportdienstleistungen im letzten Monat mit 958.563,20 € deutlich über den veranschlagten Normalkosten in Höhe von 824.658,00 € lagen. Auf Nachfrage teilt die Vertriebsabteilung mit, dass sich die transportierte Menge und die Transportentfernungen gegenüber den in der Vorkalkulation getroffenen Annahmen nicht signifikant verändert haben.

Worin könnte die Ursache für die aufgetretene Kostenabweichung liegen?

1. Im letzten Monat sind vermehrt Discounter beliefert worden. Dort muss der Spediteur für die Entladung der Ware eine Entladegebühr bezahlen.

2. Die Normalkosten basieren ausschließlich auf den Istkosten des Monats Dezember. Da in diesem Monat besonders viele arbeitsfreie Tage liegen, sind die Normalkosten zu gering.

3. Eine unerwartete starke Erhöhung der Dieselpreise hat dazu geführt, dass die Speditionen die Preise anheben mussten.

4. Die lange geplante Erhöhung der Mautgebühr für Lkw auf Autobahnen hat dazu geführt, dass die Speditionen unerwartet die Preise angehoben haben.

4) Die Grünwald Brauerei verfügt über ein Lager, in dem die abgefüllten Getränke bis zur Auslieferung an die Kunden der Brauerei gelagert werden. Die Geschäftsleitung der Brauerei möchte die Kosten für die Lagerhaltung vermindern. Daher hat sie von der Controlling-Abteilung eine Aufstellung der für das Fertigproduktlager entstandenen Kosten des letzten Jahres und der Kostenplanung für das laufende Jahr angefordert.

Kosten	Kosten letztes Geschäftsjahr	Planung aktuelles Geschäftsjahr
Absatz	1 600 000 hl	1 800 000 hl
durchschnittlicher Lagerbestand	160 000 hl	180 000 hl
durchschnittlicher Wert pro Hektoliter	50,95 €	50,95 €
Personalkosten	250.000,00 €	255.000,00 €
Raumkosten	175.500,00 €	175.500,00 €
Kosten der Lagereinrichtung	125.400,00 €	130.200,00 €
Lagerzinsen	815.200,00 €	917.100,00 €
Gesamtkosten Fertigproduktlager	**1.366.100,00 €**	**1.477.800,00 €**

a) Welche der folgenden Maßnahmen ist geeignet, die Lagerhaltungskosten des Fertigprodukt-lagers langfristig zu senken?

1. Steigerung des durchschnittlichen Lagerbestandes

2. Verkauf von Lagereinrichtung

3. Verringerung der Zahl erforderlicher Mitarbeiter durch bessere Planung

4. Verzögerung der notwendigen Neuanschaffung eines Gabelstaplers

5. Weitere Steigerung des Bierabsatzes

b) Die Controllerin Frau Gründlich weist darauf hin, dass die Lagerzinsen mehr als die Hälfte der Kosten für das Lager ausmachen und diese daher zu senken sind. Sie ist der Überzeugung, dass eine Erhöhung der Lagerumschlagshäufigkeit die Lagerzinsen nachhaltig senken würde. Gleich-zeitig sei dann auch bei einer Steigerung der Absatzmenge eine Erweiterung des Lagers nicht erforderlich.

ba) Wie hoch war die Lagerumschlagshäufigkeit im letzten Geschäftsjahr?

bb) Die Grünwald Brauerei führt eine Prüfung der internen Abläufe im Lager durch und kommt zu dem Ergebnis, dass die Lagerumschlagshäufigkeit durch eine Verbesserung der internen Kommunikation und eine Anpassung der Planungsprozesse im aktuellen Geschäftsjahr auf 15 gesteigert werden kann.

Wie hoch wäre in diesem Fall der durchschnittliche Lagerbestand des aktuellen Geschäfts-jahres?

bc) Um welchen Betrag können die Lagerzinsen im aktuellen Jahr gegenüber der ursprünglichen Planung verringert werden, wenn es gelingt, die Umschlagshäufigkeit auf 15 zu erhöhen? (Rechnen Sie mit einem kalkulatorischen Zinssatz von 10 %!)

Aufgabenblock 4

Ihre Notizen

Situation zum Aufgabenblock 4

Die Mobile Fidelity AG (MF AG) ist ein Hersteller von Musiksystemen für Kraftfahrzeuge. Mit seinen Produkten richtet das Unternehmen sich einerseits an die Hersteller von Kraftfahrzeugen, die vor allem Fahrzeuge der Mittel- und Oberklasse zunehmend mit in die Bordelektronik und das Armaturen-brett fest integrierten Audiosystemen ausstatten. Andererseits verkauft das Unternehmen über den Fachhandel aber auch Audiosysteme, die sich in den DIN Radioschacht einbauen lassen, an Endkunden. Darüber hinaus werden zahlreiche weitere Komponenten hergestellt und verkauft, die eine Nachrüstung von Kraftfahrzeugen mit Zusatzverstärkern, Lautsprechersystemen etc. ermöglichen.

1. Name und Geschäftssitz: Mobile Fidelity AG, Masurenstraße 15, 70374 Stuttgart

2. Geschäftsjahr: 1. Januar bis 31. Dezember

3. Geschäftsbereiche: siehe oben

4. Bezogene Produkte und Leistungen:
- Leiterplatten (bestückt und unbestückt), elektronische Bauteile
- Elektromotoren, mechanische Bauteile, Montagematerial
- Metallgehäuse

5. Maschinen und Anlagen: Platinenbestückungsautomaten, Bearbeitungszentren

6. Mitarbeiter: 220 Mitarbeiter und 18 Auszubildende

7. Bankverbindung: Deutsche Bank Stuttgart, Konto 703742500, BLZ 600 700 24

8. Umsatz (Vorjahr): 86.520.500,00 €

Aufgabe 4.1

1) Zu Beginn des Geschäftsjahres müssen aufgrund des Grundsatzes der Bilanzidentität (§ 252 Absatz 1 Nr. 1 HGB) die Schlussbestände des vorangegangenen Geschäftsjahrs in die Konten des neuen Geschäftsjahrs übertragen werden.

Welche Vorgehensweise ist richtig?

1. Die Anfangsbestände werden in den Konten auf der gleichen Seite eingetragen, auf der sie in der Bilanz und Gewinn- und Verlustrechnung stehen.

2. Mit dem Eröffnungsbilanzkonto als Gegenkonto werden Eröffnungsbuchungen für alle Bilanz- und Gewinn- und Verlustkonten durchgeführt.

3. Die Anfangsbestände in den Konten werden auf der gleichen Seite eingetragen, auf der sie in der Bilanz stehen.

4. Mit dem Eröffnungsbilanzkonto als Gegenkonto werden Eröffnungsbuchungen für alle Bestands-konten durchgeführt.

2) Die in dem abgebildeten Bankauszug enthaltenen Geschäftsfälle sind noch nicht gebucht. Sie sollen dem neuen Auszubildenden die den Auszugspositionen zugrunde liegenden Geschäftsfälle erklären.

Deutsche Bank AG	Kontoauszug	Nr. 17 vom 30.03. ..

Buchungstag/Wert/Vorgang		Soll	Haben
	Alter Kontostand EUR		198.487,22
2903 2903 Überweisung an Rechnung Nr. 03-85645	Kuka Roboter GmbH Kd.-Nr. D78562 KTO 785245782 BLZ 80060070		6.094,20
3003 3003 Überweisung an Kredit-Vertrag Nr. 727690	Deutsche Bank Stuttgart Zinsen und Tilgung 1. Quartal KTO 7200400 BLZ 60070024		193.125,00
3003 3003 Saldo der Abschlussposten gemäß Anlage (Zinsen, Kontoführungsgebühren)			224,95
	Neuer Kontostand EUR		956,93

		Bankleitzahl	Konto-Nr.
Mobile Fidelity AG		600 700 24	7037425 00

Bitte beachten Sie die wichtigen Hinweise auf der Rückseite

a) Mit welchem der folgenden Buchungssätze ist die Auszugsposition vom 29.03. zu buchen?

1. 280 Bank 6.094,20 € an 616 Fremdinstandhaltung 5.121,18 €
                                     260 Vorsteuer 973,02 €

2. 616 Fremdinstandhaltung 6.094,20 € an 280 Bank 5.940,57 €

3. 280 Bank 6.094,20 € an 616 Fremdinstandhaltung 5.121,18 €
                                     480 Umsatzsteuer 973,02 €

4. 280 Bank 6.094,20 € an 541 Sonstige Erlöse 5.121,18 €
                                     480 Umsatzsteuer 973,02 €

5. 616 Fremdinstandhaltung 5.121,18 € an 280 Bank 6.094,20 €
      260 Vorsteuer 973,02 €

b) Die Überweisung an die Deutsche Bank enthält sowohl Zinsen als auch die Tilgung (1. Quartal) für ein langfristiges Darlehen. Am 1. Januar betrug der noch zu tilgende Kredit 3.000.000,00 €. Das Darlehen wird derzeit mit 5,75 % verzinst.

ba) Wie hoch ist der in der Zahlung vom 30. März enthaltene Zinsbetrag?

bb) Wie viele Jahre wird die Tilgung des Kredits bei konstanten Tilgungsraten in Anspruch nehmen (einschließlich des aktuellen Geschäftsjahres)?

c) Bei dem Bankkonto der Mobile Fidelity AG handelt es sich um ein Kontokorrentkonto mit einer Kreditlinie. Das Unternehmen kann so bei Bedarf kurzfristig zusätzliche liquide Mittel in Anspruch nehmen.

Welche der folgenden Schlussfolgerungen für das erste Quartal lässt der Kontoauszug zu?

1. Die MF AG hat im ersten Quartal die Kreditlinie nicht in Anspruch genommen.

2. Die MF AG hat im ersten Quartal die Kreditlinie nur zum Schluss des Quartals in Anspruch genommen.

3. Die MF AG hat im ersten Quartal die Kreditlinie mindestens zweimal in Anspruch genommen.

4. Die MF AG hat im ersten Quartal die Kreditlinie genau viermal in Anspruch genommen.

d) Um welche Kontenart handelt es sich aus Sicht der Mobile Fidelity AG per 30. März beim Bankkonto?

   1. Aktives Bestandskonto

   2. Passives Bestandskonto

   3. Aufwandskonto

   4. Ertragskonto

e) Die Mobile Fidelity AG nutzt auch Online-Banking. Für Ihren Zugang müssen Sie ein Passwort festlegen. Welches Passwort ist am sichersten?

   1. Der Name Ihres Hundes

   2. MF2014

   3. Online01

   4. Der Name Ihres Chefs rückwärts geschrieben

   5. 5xZg%Kl7

3) In der Buchhaltungsabteilung ist zum Quartalsende immer besonders viel los, da vor der Erstellung des Quartalsabschlusses noch viele Belege gebucht werden müssen. Sie unterstützen die Abteilung, indem Sie die Kontierung der Belege anhand des nachfolgenden Auszugs aus dem Kontenplan vornehmen.

Auszug aus dem Kontenplan

   1. Anlagen und Maschinen der mechanischen Materialbearbeitung, -verarbeitung und -umwandlung (072)

   2. Vorprodukte/Fremdbauteile (201)

   3. Vorsteuer (260)

   4. Bank (280)

   5. Kasse (288)

   6. Verbindlichkeiten aus Lieferungen und Leistungen (440)

   7. Umsatzsteuer (480)

   8. Sonstige Umsatzerlöse (519)

   9. Sonstige Erlöse (z.B. aus Provisionen, Lizenzen oder aus dem Abgang von Gegenständen des Anlagevermögens) (541)

  10. Erträge aus dem Abgang von Vermögensgegenständen (546)

  11. Aufwendungen für Vorprodukte/Fremdbauteile (601)

  12. Büromaterial (680)

  13. Postgebühren (682)

  14. Reisekosten (685)

  15. Spenden (688)

  16. GuV-Konto (802)

  17. Anlagenabgänge (6979)

a) Die MF AG hat zum 31. März einen alten Industrieroboter für 5.000,00 € netto verkauft. Der Buchwert des Roboters betrug am 31. März 4.175,00 €.

Führen Sie die Kontierung dieses Geschäftsfalls unter Verwendung der Bruttomethode durch!

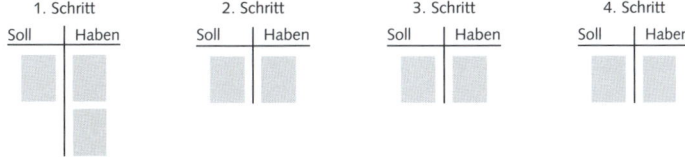

Beleg 1

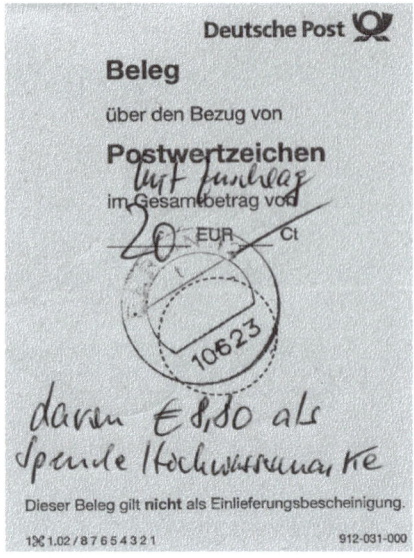

Beleg 2

Legen Sie für die Lösung der Aufgaben b) bis e) den Auszug aus dem Kontenplan auf der vorangegangenen Seite zugrunde!

b) Nehmen Sie die Kontierung des bar bezahlten Belegs (Beleg 1) der Deutschen Post AG vor!

c) Nehmen Sie die Kontierung der im Rahmen einer Dienstreise nach Düsseldorf angefallenen Taxiquittung (Beleg 2) vor!

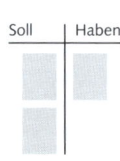

d) Die benachbarte Leiterplatten Müller KG liefert bestückte Leiterplatten für die Produktion eines Autoradiomodells im Just-in-Time-Verfahren an die MF AG. Da die Unternehmen benachbart sind, hilft dieses Verfahren auch bei vergleichsweise kleinen Abnahmemengen beiden Unternehmen dabei, Lagerkosten einzusparen.

Die Abrechnung der Lieferungen erfolgt jeweils zum Monatsende. Für den Monat März stellt die Leiterplatten Müller KG der MF AG einen Betrag von 25.984,00 € einschließlich der gesetzlichen Umsatzsteuer in Höhe von 4.148,71 € in Rechnung.

Nehmen Sie die Kontierung dieser Rechnung vor!

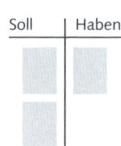

e) Am 15. März hat der Leiter des Rechnungswesens den Betrag von 2.000,00 € vom Bankkonto abgehoben, um die für Barzahlungen in der Buchhaltung vorhandene Kasse wieder „aufzufüllen".

Wie ist der Vorgang zu buchen?

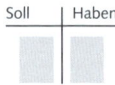

1) Im Rahmen der Erstellung des Jahresabschlusses sind zahlreiche Buchungen vorzunehmen, um die periodengerechte Erfassung der Aufwendungen und Erträge sicherzustellen. In der Bilanz des letzten Geschäftsjahres sind sowohl Rückstellungen als auch Rechnungsabgrenzungen vorgenommen worden. Diese müssen nun im laufenden Geschäftsjahr aufgelöst werden. Der Abteilungsleiter Herr Wichtig hat Sie gebeten, dies vorzubereiten.

a) Ein Mieter, der bei der MF AG eine kleine Lagerhalle angemietet hat, hat im November des letzten Jahres die Miete für die Monate Dezember bis Februar in Höhe von 1.785,00 € einschließlich Umsatzsteuer überwiesen.

Welche Art von Rechnungsabgrenzung wurde in der Bilanz des letzten Geschäftjahres für diesen Geschäftsfall vorgenommen?

1. Eine aktive Rechnungsabgrenzung in Höhe von 1.000,00 €
2. Eine aktive Rechnungsabgrenzung in Höhe von 1.190,00 €
3. Eine passive Rechnungsabgrenzung in Höhe von 1.190,00 €
4. Eine passive Rechnungsabgrenzung in Höhe von 1.000,00 €

b) Mit welchem Buchungssatz wird die unter a) erläuterte Rechnungsabgrenzung im laufenden Geschäftsjahr wieder aufgelöst?

1.	490	Pass. Jahresabgrenzung	an	5401	Nebenerlöse aus Vermietung/Verpachtung
2.	670	Mieten, Pachten	an	290	Aktive Jahresabgrenzung
3.	490	Pass. Jahresabgrenzung	an	670	Mieten, Pachten
4.	490	Pass. Jahresabgrenzung	an	5401	Nebenerlöse aus Vermietung/Verpachtung
				480	Umsatzsteuer
5.	670	Mieten, Pachten	an	290	Aktive Jahresabgrenzung
	260	Vorsteuer			

c) Die MF AG hat einen Mitarbeiter der Hamburger Verkaufsniederlassung wegen des Diebstahls diverser hochwertiger Radios im vergangenen Jahr fristlos entlassen. Da der Mitarbeiter gegen die Kündigung geklagt hat, musste die MF AG eine Rückstellung in Höhe von 13.000,00 € für das Prozesskostenrisiko und das Risiko, bei Verlust des Rechtsstreits ggf. eine Abfindung zahlen zu müssen, bilden.

Am 10. Januar des aktuellen Geschäftsjahrs hat das Arbeitsgericht die Kündigung bestätigt. Das Urteil ist rechtskräftig geworden. Da der gekündigte Mitarbeiter auch die Kosten für den Prozess und die Anwälte der MF AG übernehmen muss, kann die Rückstellung vollständig aufgelöst werden.

Mit welchem Buchungssatz wird die Rückstellung aufgelöst?

1. 399 Sonstige Rückstellungen für   an 548 Erträge aus der Herabsetzung von
        Aufwendungen   Rückstellungen

2. 548 Erträge aus der Herabsetzung   an 677 Rechts- und Beratungskosten
        von Rückstellungen

3. 399 Sonstige Rückstellungen für   an 670 Rechts- und Beratungskosten
        Aufwendungen

4. 280 Bank   an 548 Erträge aus der Herabsetzung von
                                                 Rückstellungen

2) Die MF AG legt einen Teil der liquiden Mittel am Kapitalmarkt an, um das Finanzergebnis zu verbessern. Zu diesem Zweck hat das Unternehmen im letzten Jahr unter anderem 4 000 Aktien der Altmann AG erworben (Daten siehe nachfolgende Tabelle).

Datum	Vorgang
15.04.13	Kauf von 4 000 Aktien zum Preis von 49,00 € pro Aktie
31.12.13	Kurs der Aktien liegt bei 41,32 € pro Aktie
30.06.14	Kurs der Aktien liegt bei 58,22 € pro Aktie

a) Mit welchem Wert wurden die Aktien zum Ende des letzten Geschäftsjahres (13) in der Bilanz der MF AG geführt?

b) Mit welchem Wert sind die Aktien in der Halbjahresbilanz der MF AG zum 30.06.14 anzusetzen?

1. 196.000,00 €

2. 165.280,00 €

3. 232.800,00 €

4. 200.000,00 €

5. Keiner der angegebenen Beträge ist zutreffend.

c) Die Altmann AG schüttet am 10. April des Geschäftsjahres eine Dividende von 1,90 € pro Aktie aus. Ihr Chef hat Ihnen zum Geburtstag eine Aktie der Altmann AG geschenkt. Welchen Betrag überweist Ihnen die Bank nach der ab 01.01.2009 geltenden Abgeltungssteuer, wenn Sie keinen Freistellungsauftrag gestellt und nicht Mitglied in einer Kirchensteuer relevanten Religionsgemeinschaft sind?

3) Die Mobile Fidelity AG erstellt eine Bilanz vor Gewinnverwendung, da die Hauptversammlung über die Gewinnverwendung alleine entscheidet. Der Vorstand macht jedoch einen Vorschlag zur Verwendung des Jahresüberschusses: 45 % des Jahresüberschusses sollen an die Aktionäre ausgeschüttet werden, der verbliebene Teil des Jahresüberschusses wird in die Gewinnrücklagen eingestellt.

Aktiva	Bilanz der Mobile Fidelity AG zum 31.12. (vor Gewinnverwendung)		Passiva	
	Berichtsjahr	Vorjahr	Berichtsjahr	Vorjahr
A. Anlagevermögen			**A. Eigenkapital**	
I. Immaterielle Vermögensgegenstände			I. Gezeichnetes Kapital — 4.000.000 / 4.000.000	
1. Konzessionen, gewerbl. Schutzrechte	125.650		II. Kapitalrücklagen — 0 / 0	
2. Geleistete Anzahlungen	15.256		III. Gewinnrücklagen	
II. Sachanlagen			1. Gesetzliche Rücklagen — 350.000 / 330.000	
1. Grundstücke und Bauten	4.950.125	5.100.320	2. Andere Gewinnrücklagen — 450.000 / 250.000	
2. Technische Anlagen und Maschinen	8.164.081		IV. Jahresüberschuss — 2.220.000 / 400.000	
3. Andere Anlagen, BGA	4.255.138	10.586.124	**B. Rückstellungen**	
B. Umlaufvermögen			1. Pensionsrückstellungen — 310.245 / 257.400	
I. Vorräte			2. Steuerrückstellungen — 385.487 / 298.650	
1. Roh-, Hilfs- und Betriebsstoffe	210.456	263.587	3. Sonstige Rückstellungen — 20.450 / 0	
2. Unfertige Erzeugnisse	150.475	140.875	**C. Verbindlichkeiten**	
3. Fertige Erzeugnisse und Handelswaren	458.785	450.258	1. Verbindlichkeiten ggü. Kreditinstituten — 12.030.540 / 12.120.450	
II. Forderungen und sonst. Vermögensgegenstände			2. Erhaltene Anzahlungen — 25.960 / 0	
1. Ford. aus L+L	856.750	952.378	3. Verbindlichkeiten aus L+L — 719.074 / 1.160.843	
2. Sonst. Forderungen	68.740	69.520	**D. Rechnungsabgrenzungsposten** — 45.287 / 15.420	
III. Wertpapiere				
1. Sonstige Wertpapiere	945.263	1.025.451		
IV. Schecks, Kassenbestände, Guthaben bei Kreditinstituten	325.874	215.500		
C. Rechnungsabgrenzungsposten	30.450	28.750		
	20.557.043	**18.832.763**	**20.557.043**	**18.832.763**

a) Die MF AG ist nach Aktiengesetz verpflichtet, einen Teil des Gewinns in die gesetzliche Rücklage einzustellen.

Welcher Betrag (in Tausend Euro) wird im Berichtsjahr maximal in die gesetzliche Rücklage eingestellt, wenn die Satzung der MF AG keine vom Gesetz abweichende Regelung für die Dotierung der gesetzlichen Rücklage vorsieht?

b) Welcher Betrag (in Tausend Euro) wird an die Aktionäre ausgeschüttet, wenn die Hauptversammlung sich den Gewinnverwendungsvorschlägen des Vorstands anschließt?

1) Im Rahmen der Abgrenzungsrechnung werden die Aufwands- und Ertragszahlen aus der Finanzbuchhaltung der Mobile Fidelity AG in die Kosten- und Leistungsarten überführt, die zur Ermittlung des Betriebsergebnisses benötigt werden.

a) Was wird in der Kostenrechnung als Kosten bezeichnet?

1. Der mengenmäßige Verzehr an Gütern und Dienstleistungen, der durch Beschaffung, Produktion, Lagerung und Absatz der Erzeugnisse und die Aufrechterhaltung der Betriebsbereitschaft verursacht wird

2. Die Verbrauchsmengen der zur Leistungserstellung benötigten Produktionsfaktoren

3. Der mengenmäßige Verzehr an Gütern und Dienstleistungen einer Rechnungsperiode, der durch Beschaffung und Lagerung der Erzeugnisse und die Aufrechterhaltung der Betriebsbereitschaft verursacht wird

4. Die bewerteten Verbrauchsmengen der zur Leistungserstellung eingesetzten Produktionsfaktoren

b) Die Mobile Fidelity AG hat im vergangenen Geschäftsjahr eine Abschreibung auf im Umlaufvermögen gehaltene Aktien vorgenommen.

Worum handelt es sich aus Sicht der MF AG dabei?

1. Grundkosten (aufwandsgleiche Kosten)

2. Betrieblich außerordentliche Aufwendungen

3. Betriebsfremde Aufwendungen

4. Betriebsfremde Erträge

5. Betrieblich außerordentliche Erträge

c) Welche der nachfolgenden Feststellungen ist richtig?

Aufgabe der unternehmensbezogenen Abgrenzungsrechung ist es, diejenigen Aufwendungen und Erträge aus den Daten der Finanzbuchhaltung auszusondern, die...

1. für den Betrieb der MF AG untypisch sind.

2. zwar mit der Herstellung der Audiosysteme verbunden, aber völlig unerwartet entstanden sind.

3. nicht durch Produktion und Absatz der Erzeugnisse der MF AG entstanden sind.

4. nicht zum neutralen Ergebnis der MF AG gehören.

5. nicht zum Betriebsergebnis der MF AG gehören.

2) Für eine Präsentation beim Vorstand der MF AG muss noch die auf der nächsten Seite dargestellte vorläufige Abgrenzungsrechnung des aktuellen Geschäftsjahres fertig gestellt werden. Bevor das Betriebsergebnis ermittelt werden kann, sind noch die unten stehenden Informationen zu berücksichtigen. Vervollständigen Sie die Abgrenzungsrechnung soweit für die Lösung der Aufgaben erforderlich!

Informationen

- Die Nebenerlöse aus Vermietung und Verpachtung resultieren aus der Vermietung einer nicht mehr benötigten Lagerhalle an ein benachbartes Unternehmen.

- Von den Zinserträgen stammen 85.400,00 € aus Verzugszinsen, die ein Kunde wegen zu spät beglichener Rechnung zahlen musste. Die übrigen Zinsen stammen aus der kurzfristigen Anlage liquider Mittel.

- Für die von einer Fremdfirma ausgeführte Reparatur des Daches der vermieteten Lagerhalle sind Aufwendungen in Höhe von 47.800,00 € angefallen.

- Die MF AG hat aufgrund persönlichen Interesses von zwei Vorstandsmitgliedern eine Spende in Höhe von 35.000,00 € an die Deutsche Krebshilfe geleistet.

- Die Berücksichtigung der kalkulatorischen Kosten ist noch zu vervollständigen.

a) Geben Sie das Ergebnis der unternehmensbezogenen Abgrenzung an! Ist das Ergebnis negativ, so kennzeichnen Sie dies durch ein „–" als Vorzeichen!

b) Geben Sie das Ergebnis der betriebsbezogenen Abgrenzung an! Bei negativem Ergebnis ist dieses durch ein „–" als Vorzeichen zu kennzeichnen!

c) Errechnen Sie anhand der unter a) und b) ermittelten Ergebnisse das Betriebsergebnis der MF AG!

(Hinweis: es ist nicht zwingend erforderlich, das Ergebnis anhand der Kosten- und Leistungsarten in den Spalten 7 und 8 zu errechnen.)

3) Die MF AG berücksichtigt in der Kosten- und Leistungsrechnung eine Reihe von kalkulatorischen Kosten.

Welche der folgenden Feststellungen trifft im Hinblick auf kalkulatorische Kosten **nicht** zu?

1. Kalkulatorische Kosten stimmen häufig nicht mit den in der Finanzbuchhaltung als Aufwand berücksichtigten Werten überein.

2. Kalkulatorische Kosten können zusätzlich zu den Aufwendungen in der Finanzbuchhaltung anfallen. Man spricht dann von Zusatzkosten.

3. Kalkulatorische Abschreibungen können mit handelsrechtlich nicht zulässigen Kalkulationsverfahren ermittelt werden.

4. Kalkulatorische Zinsen fallen nur dann an, wenn ein Unternehmen überwiegend mit Fremdkapital finanziert wird.

Aufgabe 4.3

Zu Aufgabe 2)

| | | | Rechnungskreis I | | Unternehmensbezogene Abgrenzungsrechnung | | Betriebsbezogene Abgrenzungsrechnung | | Rechnungskreis II | |
| | | | Finanzbuchhaltung | | | | | | Kosten- und Leistungsarten | |
Zeile	Konto	Bezeichnung	1 Aufwend.	2 Erträge	3 betriebsfr. Aufwend.	4 betriebsfr. Erträge	5 betr. außerordentl. Aufwend.	6 betr. außerordentl. Erträge	7 Kosten	8 Leistungen
1	500	Umsatzerlöse für eigene Erzeugnisse		88.950.400						88.950.400
2	520	Bestandsveränderungen	1.456.240						1.456.240	
3	5401	Nebenerlöse aus Vermietung und Verpachtung		250.000						
4	546	Erträge a. d. Abgang von Vermögensgeg.		170.300						
5	571	Zinserträge		385.400						
6	600	Aufwend. f. Rohstoffe und Fertigungsmaterial	39.856.270						39.856.270	
7	602	Aufwendungen für Hilfsstoffe	3.698.450						3.698.450	
8	605	Aufwand für Energie	4.785.633						4.785.633	
9	616	Fremdinstandhaltung	2.564.820							
10	620	Löhne	14.443.477						14.443.477	
11	630	Gehälter	6.320.785						6.320.785	
12	650	Abschreibungen	1.456.937							
13	670	Aufwendungen für Rechte und Dienste	954.630						954.630	
14	680	Aufwendungen für Kommunikation	8.963.410							
15	690	Versicherungsbeiträge	345.420						345.420	
16	700	Betriebliche Steuern	540.980						540.980	
17	751	Zinsaufwendungen	98.456							
18	770	Gewerbeertragsteuer	654.250							
19	771	Körperschaftsteuer	1.396.342							
20		Kalkulatorische Abschreibungen							1.420.380	
21		Kalkulatorische Zinsen							449.658	
22		Kalkulatorische Wagnisse							100.000	
23		Kalkulatorische Miete							375.400	
		SUMME	87.536.100	89.756.100						88.950.400
		ERGEBNIS	2.220.000							
			89.756.100	89.756.100						

1) Die MF AG erwartet für das erste Quartal des nächsten Geschäftsjahres eine über der Kapazität liegende Nachfrage im Bereich der Radios für den DIN Einbauschacht. Verantwortlich für den Kapazitätsengpass ist der Umstand, dass ein für diesen Geschäftsbereich neu erworbener Platinenbestückungsautomat nicht wie vorgesehen zu Beginn des Geschäftsjahres in Betrieb genommen werden kann, da die Fertigstellung der Anlage sich um ein Quartal verzögert.

Die im Unternehmen zur Verfügung stehende Kapazität an Platinenbestückungsautomaten wird in Maschinenminuten gemessen. 100 Maschinenminuten können dabei z. B. 10 Maschinen für jeweils 10 Minuten oder auch 1 Maschine für 100 Minuten bedeuten.

Modell	Verkaufspreis	Variable Kosten	Fertigungszeit je Stück in Minuten	Maximale Absatzmenge nach Absatzplan
MF 200	95,50 €	63,20 €	5	15 500
MF 400	135,40 €	89,50 €	7,5	11 200
MF 600	165,70 €	109,30 €	8	6 600
MF 800	199,60 €	141,20 €	8,5	5 400

a) Ihnen stehen insgesamt 240 000 Maschinenminuten auf vorhandenen Platinenbestückungsautomaten zur Verfügung.

Wie viele Maschinenminuten benötigen Sie, um das Absatzprogramm zu verwirklichen?

b) Sie ermitteln die Deckungsbeiträge für die vier verschiedenen Radiomodelle.

ba) Wie hoch ist der absolute Deckungsbeitrag für das Modell MF 600?

bb) Wie hoch ist der absolute Deckungsbeitrag für das Modell MF 800?

c) Sie überlegen, in welcher Rangfolge die einzelnen Produkte produziert werden sollten, um den Deckungsbeitrag der MF AG unter Berücksichtigung des Kapazitätsengpasses zu maximieren.

Geben Sie die Reihenfolge an, in der die zur Verfügung stehende Kapazität auf die vier verschiedenen Radiomodelle verteilt werden sollte, indem Sie die Ziffern 1 bis 4 in die Kästchen neben den Modellen eintragen. Übertragen Sie anschließend Ihre senkrecht angeordneten Lösungsziffern in dieser Reihenfolge von links nach rechts in den Lösungsbogen.

ca) MF 200

cb) MF 400

cc) MF 600

cd) MF 800

2) Die in Aufgabe 1) verwendete Deckungsbeitragsrechnung wird in vielen Industrieunternehmen eingesetzt, um unterschiedlichste kaufmännische Fragestellungen zu beantworten. Darüber hinaus gibt es aber in der Kosten- und Leistungsrechnung zahlreiche weitere Verfahren, die in der Kalkulation eingesetzt werden.

a) Welche **2** der nachfolgenden Feststellungen zur Einordnung der Deckungsbeitragsrechnung in das System der Kosten- und Leistungsrechnung sind zutreffend?

1. Bei der Deckungsbeitragsrechnung handelt es sich um ein Verfahren der Fixkostendeckungsrechnung.

2. Bei der Deckungsbeitragsrechnung handelt es sich um eine Kostenartenrechnung.

3. Bei der Deckungsbeitragsrechnung handelt es sich um eine Vollkostenrechnung.

4. Bei der Deckungsbeitragsrechnung handelt es sich um eine spezielle Form des Target Costing.

5. Bei der Deckungsbeitragsrechnung handelt es sich um ein Verfahren der Teilkostenrechnung.

b) Die Deckungsbeitragsrechnung wird insbesondere auch als Entscheidungsinstrument bei der Produktions- und Absatzplanung eingesetzt.

Bei welchen **2** der folgenden Aufgaben liefert die Deckungsbeitragsrechnung **keine** wesentliche Informationen?

1. Entscheiden über die Annahme weiterer Aufträge bei vorhandenen Kapazitätsreserven

2. Ermitteln der Selbstkosten im Rahmen der Abgabe eines Angebots für eine öffentliche Ausschreibung

3. Ermitteln der (kurzfristigen) Preisuntergrenze zwecks Abgabe eines Testangebots an einen Automobilhersteller, mit dem bisher keine Geschäftsbeziehungen bestehen

4. Festlegen der Reihenfolge der Bearbeitung von Kundenaufträgen zur Minimierung der Durchlaufzeiten

5. Bestimmen des Produktionsprogramms bei Vorliegen von Kapazitätsengpässen

Aufgabenblock 5

Ihre Notizen

Situation zum Aufgabenblock 5

Im Bereich des Messebaus sind vielfach Unternehmen tätig, die als Mischung aus Dienstleitungs-betrieb und Produktionsbetrieb bezeichnet werden können. Die Unternehmen übernehmen für den Kunden die komplette Planung, Gestaltung und Produktion eines Messestandes einschließlich der Errichtung der gesamten Infrastruktur in der Messehalle und des Abbaus nach Ende der Messe. Auf Wunsch organisiert das Messebauunternehmen ggf. auch Hostesseneinsätze, Catering, Produktion von Werbematerial sowie den Transport von Ausstellungsstücken zur Messe.

Die Messebau Mülheim GmbH (MM GmbH) ist in diesem Markt sowohl regional im Ruhrgebiet als auch überregional und international zusammen mit Kooperationspartnern tätig. Das Unternehmen bietet das gesamte Spektrum der Leistungen an, die ein Unternehmen für die Teilnahme an einer Messe benötigt.

1. Name und Geschäftssitz: Messebau Mülheim GmbH, Eisenstr. 19, 45476 Mülheim/Ruhr

2. Geschäftsjahr: 1. Januar bis 31. Dezember

3. Geschäftsbereiche:

- Verkauf eigen- und fremdproduzierter Messe-, Verkaufs- und Infostände
- Planung, Gestaltung Produktion und Errichtung von Messeständen
- Organisation und Durchführung kompletter Messeauftritte

4. Bezogene Produkte und Leistungen:

- Diverse Rohstoffe (Holz und Metall) zur Herstellung von Messeständen
- Messemöbel und Komponenten modularer Messestandsysteme
- Diverse Dienstleistungen von Handwerksbetrieben, Transportunternehmen, Architekten, Designern, Ingenieuren, Catering- und Hostessdienstleistungen

5. Maschinen und Anlagen: Voll eingerichtete Tischlerei und kleine Schlosserei sowie diverse Mittel- und Großdrucker

6. Mitarbeiter: 65 Mitarbeiter und 9 Auszubildende

7. Bankverbindung: Deutsche Bank Mülheim, Konto 7037425, BLZ 362 700 48

8. Umsatz (Vorjahr):   28.500.000,00 €

Aufgabe 5.1

1) Die MM GmbH soll für die Baier Elektronik AG einen Messestand für eine Messe in Düsseldorf entwickeln sowie den gesamten Messeauftritt des Unternehmens organisieren. Da der Kunde einen sehr aufwändigen und modernen Messestand wünscht, der später universell für die verschiedenen Geschäftsbereiche seines Unternehmens einsetzbar ist, muss die MM GmbH einen kompletten Stand entwickeln und zahlreiche Komponenten neu erwerben.

a) In den Messestand sollen einige Informationsterminals mit großflächigen, interaktiven Bildschirmen integriert werden. Sie wurden mit einer Marktanalyse beauftragt. Diese hat ergeben, dass als Anbieter eine Firma aus Singapur und eine Firma aus Taiwan in Betracht kommen.

Die Firma aus Taiwan bietet das Gesamtsystem zu einem Preis von 849.530,63 Taiwan-Dollar (TWD) einschließlich Transport nach Deutschland an.

Die Firma aus Singapur bietet das Gesamtsystem zu einem Preis von 43.617,81 Singapur-Dollar (SGD) zuzüglich 835,00 US-$ für den Transport bis nach Deutschland an.

Auszug aus der Kurstabelle					
		Devisen		Sorten	
Land	Währung	Geld	Brief	Ankauf	Verkauf
Singapur	SGD	1,6005	1,6335	1,5026	1,7826
Taiwan	TWD	38,1414	40,1414	31,2	48,8
USA	USD	1,3035	1,3095	1,2652	1,3544

aa) Wie hoch ist der Bezugspreis in Euro für das Angebot der Firma aus Taiwan?

ab) Wie hoch ist der Bezugspreis in Euro für das Angebot der Firma aus Singapur?

Runden Sie die Ergebnisse jeweils auf zwei Stellen nach dem Komma!

b) Mit dem potenziellen Lieferanten aus Taiwan bestehen bisher keine Geschäftsbeziehungen. Das Unternehmen möchte daher zur Abwicklung der Transaktion das im internationalen Handel verbreitete Verfahren „Zahlung gegen Dokumentakkreditiv" einsetzen. In welcher Reihenfolge laufen bei diesem Verfahren die folgenden Einzelschritte ab?

Bringen Sie den Ablauf des Verfahrens in die richtige Reihenfolge, indem Sie die Ziffern 1 bis 8 in die Kästchen neben den Einzelschritten eintragen. Übertragen Sie anschließend Ihre senkrecht angeordneten Lösungsziffern in dieser Reihenfolge von links nach rechts in den Lösungsbogen!

ba) Dem Lieferanten aus Taiwan teilt seine Bank die Akkreditiveröffnung mit.

bb) Die MM GmbH erhält von der Deutschen Bank die Versanddokumente und wird mit dem Rechnungsbetrag belastet.

bc) Der Lieferant aus Taiwan übergibt die Ware an den Spediteur und erhält die Versanddokumente. Diese gibt er an seine Bank weiter.

bd) Die Bank aus Taiwan übersendet die Versanddokumente an die Deutsche Bank und belastet diese mit dem Rechnungsbetrag.

be) Die MM GmbH beauftragt die Hausbank mit der Akkreditiveröffnung.

bf) Die MM GmbH erhält die erworbenen Informationsterminals gegen Übergabe der Dokumente an den Frachtführer.

bg) Dem Exporteur aus Taiwan wird der Rechnungsbetrag auf dem Konto gutgeschrieben.

bh) Die Deutsche Bank teilt der Bank in Taiwan die Akkreditiveröffnung mit.

c) Beim Erwerb der Informationsterminals handelt es sich um den Import von Waren.

Was ist dabei zu beachten?

1. Es handelt sich um einen meldepflichtigen innergemeinschaftlichen Erwerb.

2. Es wird keine Umsatzsteuer fällig, da es sich um einen Import aus einem Nicht-EU-Land handelt.

3. Einfuhrumsatzsteuer ist zu entrichten. Diese darf nicht in den Vorsteuerabzug einbezogen werden.

4. Einfuhrumsatzsteuer ist zu entrichten und es muss geprüft werden, ob auf die erworbenen Waren Einfuhrzölle erhoben werden.

5. Der Import von Waren aus Nicht-EU-Ländern ist grundsätzlich genehmigungspflichtig.

2) Für den geplanten Messestand mussten weitere Materialien, Fremdbauteile und Leistungen bezogen werden. Die abgebildeten Eingangsrechnungen sind anhand des Auszugs aus dem Kontenplan (s. S. 77) noch zu buchen.

Wagner Regalsysteme GmbH

Wagner GmbH Zirkelstr. 2 47053 Duisburg

RECHNUNG

Messebau Mühlheim GmbH
Eisenstraße 19
85476 Mühlheim an der Ruhr

	Bitte bei Zahlungen und Rückfragen angeben!
Kunden-Nr.	**457**
Rechnungsnr.	**45863**
Lieferdatum	**2014-05-14**
Rechnungsdatum	**2014-05-14**

Position	Artikel-Nr.	Artikelbezeichnung	Menge	Einzelpreis	Gesamtpreis
1	44560	Stangensystem Delta 4 m	30	58,60 €	1.758,00 €
2	44551	Stangensystem Delta 2 m	50	39,40 €	1.970,00 €
3	44598	Verkleidung Delta Kunststoff 2 x 2 m	10	125,30 €	1.253,00 €
4	65596	Raumtrennsystem Mobil Ständer 3 m	40	86,45 €	3.458,00 €
5	65546	Raumtrennsystem Mobil Strebe 1 m	80	45,89 €	3.671,20 €
6	65521	Raumtrennsystem Mobil Platte 1 x 1 m	40	75,63 €	3.025,20 €
7	35000	Montagematerial	1	356,80 €	356,80 €
8		Versand	1	458,30 €	458,30 €

			15.950,50 €	19%	3.030,60 €	18.981,10 €

Bitte überweisen Sie den Rechnungsbetrag innerhalb von 10 Tagen ab Rechnungsdatum unter Abzug von 2 % Skonto, oder innerhalb von 30 Tagen ohne Abzug auf unser Konto 123456789 bei der Dresdener Bank Duisburg, BLZ 350 800 70. Bei Vereinbarung des Lastschriftverfahrens werden 4 % Skonto direkt durch uns abgezogen.

Die Ware bleibt bis zur vollständigen Bezahlung unser Eigentum! Es gelten die Bestimmungen des verlängerten Eigentumsvorbehalts.

Wir danken für Ihren Auftrag!

Geschäftsräume:	Tel.:	0208 556-0	Geschäftsführer:	HRB:	1458
Zirkelstraße 2	Fax:	0208 556-10	Richard Wagner	Ust-ID:	DE203577915
47053 Duisburg	e-mail: info@wagner.de			Internet: www.wagner-regal.de	

Fortsetzung der Aufgabe auf der nächsten Seite!

2) Fortsetzung

Ahrendt Holzhandel KG Essen

Ahrendt Holzhandel KG · Waldweg 10 · 45279 Essen

Messebau Mülheim GmbH
Eisenstraße 19
45476 Mülheim an der Ruhr

Ihr Zeichen, Ihre Nachricht vom	Unser Zeichen, unsere Nachricht vom	Tel.-Durchwahl, Name	Datum
	Mo-kr	318, Mohr	2014-05-14

Rechnung Nr. 2014-141 für die Lieferung vom 11. Mai

Sehr geehrte Damen und Herren,

für die bereits erfolgte Lieferung vom 11. Mai dieses Jahres berechnen wir wie folgt:

Menge	Artikel	Einzelpreis	Gesamtpreis
80 Stück	Kantholz 10 cm x 250 cm	6,95 € pro Stück	556,00 €
40 Stück	Sperrholzplatten 1,5 m x 1,5 m, Stärke 2 cm	11,95 € pro Stück	478,00 €
			1.034,00 €
		USt. 19 %	196,46 €
		Gesamtsumme	1.230,46 €

Bitte überweisen Sie den resultierenden Betrag von 1.034,00 € zuzüglich 196,46 € Umsatzsteuer (19 %) auf die Ihnen bekannte Bankverbindung.

Mit freundlichen Grüßen

Ahrendt Holzhandel KG

ppa.

Mohr

Geschäftsräume:	Tel.: (0201) 7896252	Geschäftsführer:	HRB: 1458
Waldweg 10	Fax: (0201) 7896253	Michael Ahrendt	Ust-ID: DE25627215459
45279 Essen	E-Mail: ahrendt@arcor.de		

Auszug aus dem Kontenplan

1. Rohstoffe/Fertigungsmaterial (200)
2. Bezugskosten für Rohstoffe/Fertigungsmaterial (2001)
3. Nachlässe Rohstoffe/Fertigungsmaterial (2002)
4. Vorprodukte/Fremdbauteile (201)
5. Bezugskosten Vorprodukte/Fremdbauteile (2011)
6. Nachlässe Vorprodukte/Fremdbauteile (2012)
7. Vorsteuer (260)
8. Bank (280)
9. Verbindlichkeiten aus Lieferungen und Leistungen (440)
10. Umsatzsteuer (480)
11. Aufwendungen für Rohstoffe/Fertigungsmaterial (600)
12. Bezugskosten Rohstoffe/Fertigungsmaterial (6001)
13. Nachlässe Rohstoffe/Fertigungsmaterial (6002)
14. Aufwendungen für Vorprodukte/Fremdbauteile (601)
15. Bezugskosten Vorprodukte/Fremdbauteile (6011)
16. Nachlässe Vorprodukte/Fremdbauteile (6012)
17. Aufwendungen für Hilfsstoffe (602)

a) Die von der Firma Wagner erworbenen Regalbaukomponenten sind unmittelbar für den Messestand des Kunden angeschafft worden und werden sofort verarbeitet.

Bilden Sie den Buchungssatz für die Rechnung der Firma Wagner Regalsysteme!

b) Die von der Firma Ahrendt erworbenen Hölzer werden zunächst im Lager der Tischlerei eingelagert und dann später für verschiedene Kundenaufträge verwendet. Um die Arbeit der Buchhaltung zu erleichtern, wird bei jeder Entnahme ein Materialentnahmeschein ausgefüllt.

Bilden Sie den Buchungssatz für die abgebildete Rechnung!

c) Aufgrund der guten Geschäftsbeziehungen gewährt die Ahrendt KG der MM GmbH für die im laufenden Jahr bereits bezogenen Rohstoffe einen Bonus in Höhe von 150,00 € netto. Die Gutschriftanzeige ist bei der MM GmbH am 18. Mai eingetroffen.

Bilden Sie den Buchungssatz für die Gutschrift!

d) Die Tischlerei entnimmt 10 Stück Kantholz und 6 Stück Spanplatten aus dem Lager, da diese für die Produktion des Messestands benötigt werden.

Bilden Sie den erforderlichen Buchungssatz!

3) Die MM GmbH hat am 1. März des laufenden Geschäftsjahres einen kleinen gebrauchten Info-stand an die Franz Meier OHG in Köln zum Preis von 1.500,00 € netto verkauft. Da der Verkauf sehr kurzfristig erfolgte, enthielt die bei der Übergabe am selben Tag beigefügte Rechnung keine Regelungen zu Zahlungsbedingungen.

a) Der Verkauf geriet für einige Wochen in Vergessenheit. Ein Zahlungseingang ist nicht erfolgt, jedoch wurden auch keine Mahnungen versandt.

Ab wann ist der Käufer in Verzug? Geben Sie das Datum im Format TTMM an!

b) Am 15. Mai beschließt die MM GmbH, der Franz Meier OHG eine erste außergerichtliche Mahnung zuzusenden. Hierzu müssen die bisher entstandenen Zinsansprüche ermittelt werden.

Welchen Betrag schuldet die Franz Meier OHG der MM GmbH als Zins für die verspätete Zahlung? Runden Sie bei der Berechnung alle Ergebnisse auf zwei Stellen nach dem Komma.

Hinweis: Der anzuwendende Basiszinssatz beträgt – 0,13 %.

1. 7,44 €   **4.** 21,68 €   **7.** Keiner der Beträge

2. 18,12 €   **5.** 25,00 €

3. 18,31 €   **6.** 27,66 €

c) Trotz weiterer Mahnungen durch die MM GmbH wird die Forderung gegen die Franz Meier OHG nicht beglichen. Die MM GmbH entschließt sich daher, das gerichtliche Mahnverfahren einzuleiten.

Welche **2** der folgenden Feststellungen zu den gerichtlichen Maßnahmen sind zutreffend?

1. Die MM GmbH beantragt den Mahnbescheid beim Amtsgericht Köln.

2. Die MM GmbH beantragt den Mahnbescheid beim Amtsgericht Mülheim/Ruhr.

3. Nach Erlass des Mahnbescheids erhält die MM GmbH diesen vom Amtsgericht, um ihn dem Schuldner zuzustellen.

4. Zahlt die Franz Meier OHG nicht und erhebt sie keinen Widerspruch gegen den Mahnbescheid, so kann die MM GmbH den Erlass eines Vollstreckungsbescheids beantragen.

5. Versucht der Gerichtsvollzieher, innerhalb von zwei Wochen nach Erlass des Vollstreckungsbescheids die Zwangsvollstreckung durchzuführen, so kann der Schuldner sich dagegen nicht mehr durch einen Einspruch wehren.

1) Die Baier Elektronik AG hat sich entschieden, den speziell für ihre Bedürfnisse entwickelten Messestand bei der MM GmbH zu leasen. Zusätzlich zu den Leasingraten muss die Baier Elektronik AG bei jeder Messe die Kosten für Anlieferung, Montage, erforderliche Anpassungen etc. bezahlen, wenn diese von der MM GmbH durchgeführt werden soll.

Der Absatz mittels Leasingvertrag hat für beide beteiligten Unternehmen Vor- und Nachteile. Welche der **2** nachfolgenden Vor- und Nachteile sind in diesem Zusammenhang zutreffend?

1. Für die Baier Elektronik AG bedeutet der Leasingvertrag, dass die Liquidität des Unternehmens weniger stark belastet wird, da die Zahlungen auf die Nutzungsdauer des Messestands verteilt werden.

2. Für die Baier Elektronik AG ist das Leasen des Messestands billiger, da die Summe der Leasingraten stets geringer ist als der Kaufpreis des Messestands.

3. Der Absatz von Messeständen über Leasingverträge belastet die Liquidität der MM GmbH nicht, da die MM GmbH sich über die Hausbank finanzieren kann.

4. Die Baier Elektronik GmbH zieht das Leasing des Messestands dem Kauf vor, da sie so bei jeder Messe einen neuen Messestand erhält, der dem aktuellen Stand der Technik entspricht.

5. Die MM GmbH erschließt sich über das Leasing neue Kunden, die unter Umständen nicht in der Lage gewesen wären, den Kaufpreis in einer Summe zu begleichen.

6. Ein Leasingvertrag kann ausschließlich mit dem Hersteller des geleasten Guts abgeschlossen werden.

2) Die MM GmbH hat zu Beginn des Geschäftsjahrs auf dem Konto „201 Vorprodukte/Fremdbauteile" (Regalbaukomponenten und Komponenten für Messebausystem) einen Anfangsbestand von 25.400,00 € verzeichnet.

Soll		601 Aufwendungen Vorprodukte/Fremdbauteile (€)			Haben
440	Verbindlichkeiten L+L	2.500	6012	Nachlässe Vorp./Fremdb.	250
440	Verbindlichkeiten L+L	1.230			
440	Verbindlichkeiten L+L	4.530			
440	Verbindlichkeiten L+L	1.034			
440	Verbindlichkeiten L+L	2.600			
440	Verbindlichkeiten L+L	9.600			

a) Auf dem Konto „601 Aufwendungen für Vorprodukte/Fremdbauteile" wurden im laufenden Geschäftsjahr die aus dem abgedruckten Auszug ersichtlichen Buchungen vorgenommen.

In welchem Wert wurden im laufenden Geschäftsjahr Vorprodukte/Fremdbauteile erworben?

b) Die Inventur am 31. Dezember hat ergeben, dass im Lager der MM GmbH noch Vorprodukte/Fremdbauteile im Wert von 12.200,00 € vorhanden sind.

Wie hoch war der Verbrauch im aktuellen Geschäftsjahr?

c) Buchen Sie die ermittelte Bestandsveränderung!

1. 201   Vorprodukte/Fremdbauteile

2. 210   Unfertige Erzeugnisse

3. 5201   Bestandsveränderungen an unfertigen Erzeugnissen und nicht abgerechneten Leistungen

4. 601   Aufwendungen für Vorprodukte/Fremdbauteile

5. 657   Unüblich hohe Abschreibungen auf Umlaufvermögen

6. 696   Verluste aus dem Abgang von Vermögensgegenständen

3) Das zunehmende Leasinggeschäft macht für die MM GmbH eine intensive Steuerung aller Zahlungsvorgänge erforderlich. In diesem Zusammenhang gewinnt die Kennzahl „Cash-flow" immer mehr an Bedeutung, da diese angibt, welche liquiden Mittel das Unternehmen im Geschäftsjahr selbst erwirtschaftet. Die liquiden Mittel können dann u.a. zur Vorfinanzierung von Kundenaufträgen und zur Finanzierung von Investitionen verwendet werden.

Soll	802 Gewinn- und Verlustkonto (T€)				Haben
520	Bestandsveränderungen	100	500	Umsatzerlöse für eigene Erzeugnisse	29.900
600	Aufwendungen für Rohstoffe	3.850			
601	Aufw. für Fremdbauteile	5.200	540	Mieterträge	750
602	Aufwendungen für Hilfsstoffe	1.500	571	Zinserträge	1.200
605	Aufwand für Energie	1.350			
620	Löhne	5.850			
630	Gehälter	5.100			
644	Aufwendungen für Altersversorgung	850			
650	Abschreibungen	1.900			
670	Mieten/Leasing	450			
680	Aufwendungen für Kommunikation	1.900			
700	Betriebliche Steuern	1.200			
751	Zinsaufwendungen	190			
771	Körperschaftssteuer	1.200			
340	Jahresüberschuss	1.210			
		31.850			31.850

Bei den Aufwendungen für Altersversorgung handelt es sich ausschließlich um Erhöhungen der Pensionsrückstellungen.

Wie hoch ist der Cash-flow der MM GmbH (in Tausend Euro)?

4) Die MM GmbH finanziert sich zum Teil über Fremdkapital. Für ein von der MM GmbH aufgenommenes Fälligkeitsdarlehen über 500.000,00 € mit einem Zinssatz von 6,75 % sind die jährlichen Zinsen jeweils am 31. Mai zu zahlen.

Welche Buchung ist zum 31.12. als vorbereitende Abschlussbuchung vorzunehmen?

1.	751	Zinsaufwendungen	an	489	Übrige sonst. Verb.	19.687,50
2.	269	Übrige sonst. Ford.	an	571	Zinserträge	19.687,50
3.	751	Zinsaufwendungen	an	489	Übrige sonst. Verb.	14.062,50
4.	269	Übrige sonst. Ford.	an	571	Zinserträge	14.062,50
5.	751	Zinsaufwendungen	an	489	Übrige sonst. Verb.	33.750,00
6.	269	Übrige sonst. Ford.	an	571	Zinserträge	33.750,00

1) Bei der MM GmbH wird in der Kostenstellenrechnung zwischen Vor- und Endkostenstellen unterschieden. In den Vorkostenstellen werden die Gemeinkosten der innerbetrieblichen „Dienstleistungsbetriebe" Werkstatt, Spedition und Druckerei erfasst.

a) Im Rahmen der Kostenstellenrechnung sind die Leistungen der Vorkostenstellen auf die Endkostenstellen im Verhältnis der Inanspruchnahme der Leistungen zu verrechnen. Ihnen liegen die in der Tabelle dargestellten Informationen zur Leistungsinanspruchnahme sowie die unvollständige Kostenstellenrechnung der MM GmbH vor. Runden Sie alle Ergebnisse bitte auf zwei Stellen nach dem Komma!

Hinweis: Die Rundungen führen zu einer gewissen Ungenauigkeit in der Berechnung.

Kostenart	€	Vorkostenstellen			Endkostenstellen				
		Werkstatt	Spedition	Druckerei	Material	Produktion		Verwaltung	Vertrieb
						Standbau	Messedurchf.		
Aufw. für Hilfsstoffe	1.500.000,00	300.000,00	150.000,00	225.000,00	75.000,00	450.000,00	67.500,00	112.500,00	120.000,00
Aufw. für Energie	1.350.000,00	67.500,00	236.250,00	108.000,00	162.000,00	405.000,00	67.500,00	202.500,00	101.250,00
Gehälter	5.100.000,00	561.000,00	459.000,00	612.000,00	459.000,00	484.500,00	1.275.000,00	714.000,00	535.500,00
Aufw. für Altersversorgung	850.000,00	93.500,00	76.500,00	102.000,00	76.500,00	80.750,00	212.500,00	119.000,00	89.250,00
Aufw. für Kommunikation	1.900.000,00		190.000,00	285.000,00		19.000,00	76.000,00	380.000,00	950.000,00
Abschreibungen	1.840.500,00	147.240,00	276.075,00	202.455,00	92.025,00	736.200,00	128.835,00	239.265,00	18.405,00
andere Gemeinkosten	2.580.000,00	258.000,00	193.500,00	258.000,00	387.000,00	645.000,00	516.000,00	129.000,00	193.500,00
SUMME primär. GK	15.120.500,00	1.427.240,00	1.581.325,00	1.792.455,00	1.251.525,00	2.820.450,00	2.343.335,00	1.896.265,00	2.007.905,00
Umlage Werkstatt									
Umlage Spedition									
Umlage Druckerei									
SUMME prim. & sek. GK									

Empf. Stelle / Leist. Stelle	Bezugsgröße	Werkstatt	Spedition	Druckerei	Material	Standbau	Messe-durchführung	Verwaltung	Vertrieb	Gesamt-leistung
Werkstatt	Std.		1 200	675	102	11 452	16 815	714	612	31 570
Spedition	m³			2 300	22 540	18 560	49 850	150	12 322	105 722
Druckerei	m²				1 580	59 853	29 850	14 560	8 690	114 533

aa) Wie viel Euro kostet die Inanspruchnahme der Werkstatt die anderen Abteilungen der MM GmbH pro Stunde (Verrechnungspreis)?

ab) Wie hoch ist der Betrag, der der Kostenstelle Druckerei für die Inanspruchnahme der Leistungen der Werkstatt berechnet wird?

ac) Die Spedition rechnet ihre Leistungen anhand der transportierten Kubikmeter ab.
Bei 2 300 m³ zu je 15,47 € ergibt dies für die Druckerei einen Betrag von 35.581,00 €.
Wie hoch sind die insgesamt auf die Druckerei entfallenden Gemeinkosten?

ad) Die von der Druckerei erbrachten Leistungen werden anhand der bedruckten Fläche in m² auf die Endkostenstellen abgerechnet.
Wie viel Euro wird der Kostenstelle Standbau für die Inanspruchnahme der Leistungen der Druckerei berechnet?

b) Wie wird das hier verwendete Verfahren zur Umlage der Vorkostenstellen auf die Endkostenstellen bezeichnet?

1. Stufenleiterverfahren
2. Kostenverrechnung anhand von Standardsätzen
3. Lineares Gleichungssystem zur Kostenverrechnung
4. Anbauverfahren

c) Sie fragen sich, inwieweit die Bezugsgröße „transportierte m³" für die Verteilung der Leistungen der Spedition auf die anderen Kostenstellen geeignet ist.

Welche der folgenden Feststellungen ist in diesem Zusammenhang zutreffend?

1. Die Bezugsgröße ist geeignet, da die Kosten des Gütertransports im Wesentlichen vom Volumen der transportierten Güter abhängen.
2. Die Bezugsgröße ist nicht geeignet, da die Kosten des Gütertransports im Wesentlichen vom Gewicht der transportierten Güter abhängen.
3. Die Bezugsgröße ist nicht geeignet, da zusätzlich zumindest die Transportentfernung berücksichtigt werden muss.
4. Die Bezugsgröße ist nicht geeignet, da die Kosten des Gütertransports im Wesentlichen von der Transportentfernung abhängen.

d) Welche Informationen kann die MM GmbH anhand der Kostenstellenrechnung über die Ermittlung der Verrechnungspreise hinaus gewinnen?

1. Die Kostenstellenrechnung gibt darüber Auskunft, ob die Verkaufspreise der MM GmbH ausreichen, um die anfallenden Kosten zu decken.
2. Die Kostenstellenrechnung gibt darüber Auskunft, ob die innerbetriebliche Leistungserstellung günstiger erfolgt als die Leistungserstellung durch Subunternehmer.
3. Die Kostenstellenrechnung gibt darüber Auskunft, mit welchen Deckungsbeiträgen die MM GmbH in den einzelnen Produktbereichen rechnen kann.
4. Die Kostenstellenrechnung gibt darüber Auskunft, in welchen Bereichen die Nutzung der Gemeinkosten besonders ineffizient ist.

2) Die Erstellung eines vollständigen Messeauftritts einschließlich der Durchführung der gesamten Messe ist für die MM GmbH jedes Mal eine Herausforderung. Aufgrund der hohen Komplexität eines solchen Auftrags arbeitet die MM GmbH mit einer Projektorganisation, in der ein Team eigenverantwortlich den Kundenauftrag betreut.

Da mit den Kunden vertraglich ein Gesamtpreis für die Durchführung der Messe vereinbart wird, kommt der kaufmännischen Steuerung und Kontrolle der einzelnen Projekte erhebliche Bedeutung für die wirtschaftliche Entwicklung der MM GmbH zu.

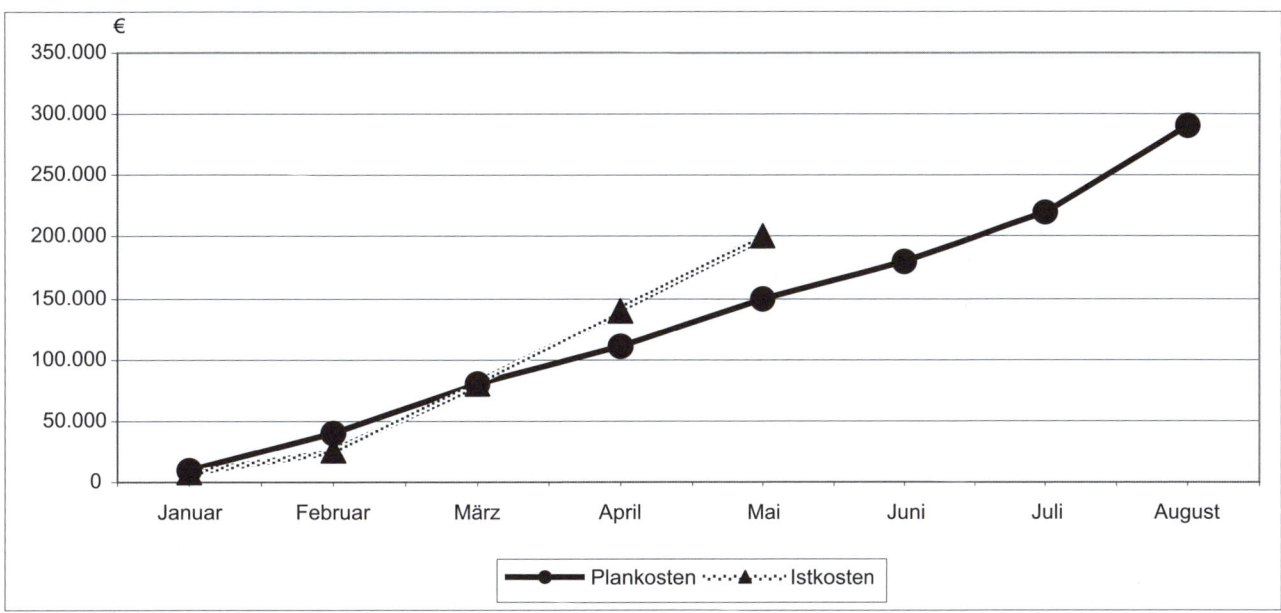

a) In der oben stehenden Abbildung sind die Plan- und die Istkosten für den Kundenauftrag der Baier Elektronik AG jeweils zum Monatsende dargestellt.

Wie hoch ist die Budgetabweichung im Monat Mai (T€)?

b) Bis einschließlich Mai hatte die MM GmbH für das Baier-Projekt einen Fertigstellungsgrad von 50 % geplant. Tatsächlich hat die MM GmbH jedoch einen Fertigstellungsgrad von 60 % erreicht. Die Sollkosten des Fertigstellungsgrads betragen 180.000,00 €.

ba) Geben Sie die Leistungsabweichung (durch Abweichung beim Projektfortschritt aufgetretene Abweichung) an (T€)!

bb) Geben Sie die Verbrauchsabweichung an (T€)!

c) Mit welcher Software werden Diagramme wie das oben abgebildete üblicherweise erstellt?

1. Textverarbeitung
2. Betriebssystem
3. Tabellenkalkulation
4. Internet-Browser
5. Datenbankprogramm

d) Wie könnnen Sollkosten definiert werden?

1. Istkosten des Ist-Projektfortschritts
2. Plankosten des Ist-Projektfortschritts
3. Istkosten des Plan-Projektfortschritts
4. Plankosten des Plan-Projektfortschritts

e) Die beobachteten Abweichungen bei der Kostenentwicklung des Baier-Projekts können unterschiedliche Ursachen haben.

Welche **2** der folgenden Gründe können **nicht** für die in Teilaufgabe b) analysierten Abweichung verantwortlich sein?

1. Die Preise für Fremdbauteile und bezogene Leistungen sind stark angestiegen.
2. Häufige Änderungswünsche der Baier Elektronik AG haben zu einem erheblichen Mehraufwand sowohl bei der Planung als auch bei der Erstellung des Messestandes geführt.
3. Der Einsatz von Arbeitskräften und Material ist geringer als angenommen, sodass das Projekt bereits weiter fortgeschritten ist als ursprünglich geplant.
4. Die Kostenplanung hat die mit dem Projekt verbundenen Kosten nur unvollständig bzw. unzureichend genau geschätzt.
5. Wechselkursschwankungen haben den Import wichtiger Komponenten für den Messestand verbilligt.

3) Einem Dienstleistungsbetrieb wie der MM GmbH fällt die Angebotskalkulation schwerer als einem Produktionsbetrieb, der bestimmte Erzeugnisse in Serien- oder Massenfertigung produziert.

Worin könnte die Ursache dafür liegen?

1. Bei der Leistungserstellung aufgrund spezifischer Kundenaufträge fehlen vielfach Erfahrungswerte, die für eine genaue Vorkalkulation benötigt werden.
2. Bei Unternehmen mit Projektarbeit lassen sich nur selten systematisch Kostenstellen bilden. Daher ist auch die Ermittlung von Zuschlagssätzen für die Verteilung der Gemeinkosten problematisch.
3. Dienstleistungsbetriebe sind in der Regel größeren Schwankungen bei den Kosten für bezogene Produkte und Leistungen ausgesetzt als Produktionsbetriebe.
4. Für die Durchführung der Kosten- und Leistungsrechnung in Dienstleistungsbetrieben stehen bisher keine geeigneten Methoden zur Verfügung.

Aufgabenblock 6

Ihre Notizen

Situation zum Aufgabenblock 6

Die Dresdner Firma Bürobedarf Gabriel KG stellt eine Reihe von Produkten des Bürobedarfs her. Aus Papier bzw. Pappe werden hochwertige Versandtaschen aller Art, Schreibblöcke und Hefte in allen Formaten, Hängeregistraturmappen, Mappen und Ordner hergestellt. Zusätzlich werden Ablage- und Ordnungssysteme aus Kunststoff produziert. Der Absatz der Produkte erfolgt über den Bürobedarfs- und Schreibwarenfachhandel. Zusätzlich werden für große Handelsunternehmen und Discounter Produkte hergestellt, die diese als Eigenmarke verkaufen.

1. **Name und Geschäftssitz:** Bürobedarf Gabriel KG, Overbeckstraße 10, 01139 Dresden
2. **Geschäftsjahr:** 1. Januar bis 31. Dezember
3. **Geschäftsbereiche:**
   - Hochwertige Versandtaschen
   - Schreibblöcke und Hefte
   - Mappen und Ordner
   - Ablage- und Ordnungssysteme
4. **Bezogene Produkte und Leistungen:**
   - Rohstoffe: Papier und Karton in unterschiedlichsten Ausführungen, Kunststoffgranulat
   - Hilfsstoffe: Farben und Klebstoffe
   - Betriebsstoffe: Strom, Gas, Wasser, Schmierstoffe
5. **Maschinen und Anlagen:** Anlagen zur Papierverarbeitung, Druckmaschinen und Kunststoffspritzgussanlagen
6. **Mitarbeiter:** 195 Mitarbeiter und 17 Auszubildende
7. **Bankverbindung:** Deutsche Bank Dresden, Konto 1037425, BLZ 870 700 00
8. **Umsatz (Vorjahr):** 56.522.600,00 €

Aufgabe 6.1

1) Herr Maiwald aus der Buchhaltung ist überraschend erkrankt. Da die Buchhaltungsabteilung ohnehin unterbesetzt ist, werden Sie gebeten, Ihren Einsatz im Vertrieb zu unterbrechen und in der Buchhaltung einzuspringen.

a) Auf dem Schreibtisch von Herrn Maiwald finden Sie einen Zettel mit einigen Buchungssätzen, die er am Vortag noch notiert hat. Sie überlegen zu welchen Belegen/Geschäftsfällen aus dem Ablagekorb auf dem Schreibtisch von Herrn Maiwald die Buchungssätze gehören könnten.

Ordnen Sie die Belege den Buchungssätzen zu, indem Sie die Kennziffern von **4** der insgesamt 8 aufgeführten Belege/Geschäftsfälle in die Kästchen neben den Buchungssätzen eintragen! Übertragen Sie anschließend Ihre senkrecht angeordneten Lösungsziffern in dieser Reihenfolge von links nach rechts in den Lösungsbogen.

Belege/Geschäftsfälle

1. Wareneingangsrechnung
2. Zahlungseingang eines Kunden unter Inanspruchnahme von Skonto
3. Rücksendung fehlerhafter Waren an den Lieferanten
4. Bonusanzeige eines Rohstofflieferanten
5. Rückgabe von Rohstoffen aus der Produktion an das Rohstofflager
6. Zinszahlung für ein langfristiges Darlehen
7. Zins- und Tilgungszahlung für ein langfristiges Darlehen
8. Verkauf einer alten Papierschneidemaschine über Buchwert.

Buchungssätze			**€**				**€**	
aa)	425	Langfr. Bankverbindlichk.	50.000,00	an	280	Bank	54.687,50	
	751	Zinsaufwendungen	4.687,50					
ab)	280	Bank	4.165,00					
	480	Umsatzsteuer	13,57					
	5001	Erlösberichtigungen	71,43	an	240	Forderungen aus L+L	4.250,00	
ac)	440	Verbindlichkeiten L+L	595,00	an	600	Aufwendungen für Rohstoffe	500,00	
					260	Vorsteuer	95,00	
ad)	200	Rohstoffe	1.000,00	an	600	Aufwendungen für Rohstoffe	1.000,00	

b) Der Vertriebsabteilung ist es gelungen, erstmals einen Kunden in Australien von der besonderen Qualität der Briefumschläge der Gabriel KG zu überzeugen. Die Vertriebsabteilung bittet Sie daher, die Startravel Ltd., Canberra, als Kunden in der Buchhaltung anzulegen.

Welche **2** Aufgabe haben Debitoren- und Kreditorenkonten in diesem Zusammenhang?

1. Kreditorenkonten dienen der kundenspezifischen Erfassung von Rechnungen, Rücksendungen, Minderungen und Zahlungen.

2. Anhand der Kreditorenkonten kann die Gabriel KG Lieferantenanalysen (z. B. ABC-Analyse) im Rahmen des Beschaffungsmarketings durchführen.

3. Die Debitorenbuchhaltung ermöglicht es der Gabriel KG ein aktives Forderungsmanagement zu betreiben und regelmäßig einen Überblick über die offenen Forderungen gegen einzelne Kunden zu behalten.

4. Debitoren- und Kreditorenkonten gehören zu den Erfolgskonten, da hier die Umsatzerlöse und die Aufwendungen für bezogene Waren erfasst werden.

5. Debitoren- und Kreditorenkonten werden über das Schlussbilanzkonto abgeschlossen.

Auszug aus dem Kontenplan für die nachfolgenden Aufgaben (1c) bis 2b)):

1. Büromöbel und sonstige Geschäftsausstattung (087)
2. Geleistete Anzahlungen auf Sachanlagen (090)
3. Forderungen aus Lieferungen und Leistungen (240)
4. Vorsteuer (260)
5. Kasse (288)
6. Privatkonto (3001)
7. Verbindlichkeiten aus Lieferungen und Leistungen (440)
8. Umsatzsteuer (480)
9. Übrige sonstige Verbindlichkeiten (489)
10. Umsatzerlöse für eigene Erzeugnisse (500)
11. Entnahme von Gegenständen und Leistungen (542)
12. Vertriebsprovisionen (615)
13. Sonstige Aufwendungen für bezogene Leistungen (617)
14. Büromaterial (680)
15. Versicherungsbeiträge (690)

c) Die Gabriel KG arbeitet im Vertrieb auch mit Handelsvertretern zusammen. Der in Frankfurt/Oder ansässige Handelsvertreter Rolf Geyer stellt für von ihm vermittelte Geschäfte den Betrag von 2.500,00 € netto in Rechnung.

Wie ist diese Rechnung zu buchen?

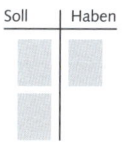

d) Der Kunde in Australien erhält eine Lieferung mit einem Nettowarenwert von 6520,00 €. Die Kontierung dieser Rechnung muss noch vorgenommen werden.

Geben Sie den erforderlichen Buchungssatz an!

2) **Belege zu den Aufgaben 2a) bis 2c)**

Beleg 1   **Beleg 2**

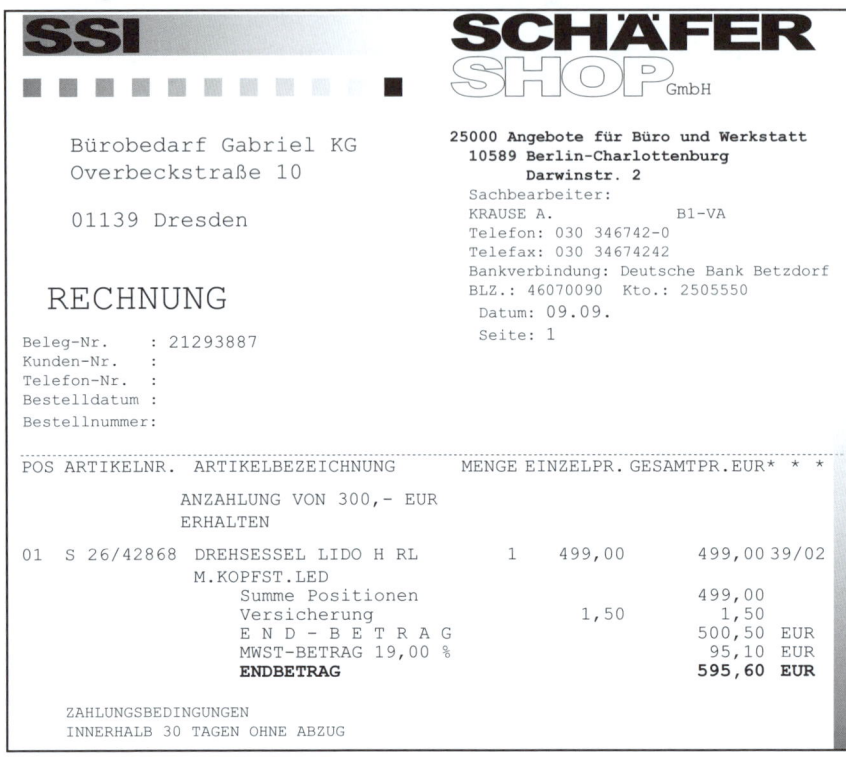

a) Der Geschäftsführer Herr Gabriel hat im August auf einer Dienstreise nach Berlin einen neuen Schreibtischstuhl erworben. Der Stuhl ist am 9. September gemeinsam mit der abgebildeten Rechnung (Beleg 1) eingetroffen.

   Bilden Sie den Buchungssatz für die Rechnung der Schäfer Shop GmbH!

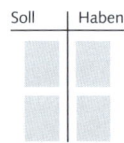

b) Auf der Dienstreise hat Herr Gabriel auch noch einen Schreibwarenladen aufgesucht und Briefumschläge und Faxpapier gekauft (Beleg 2).

   ba) Die Artikel hat er aus der Portokasse der Gabriel KG bezahlt. Nehmen Sie die erforderliche Buchung vor!

   bb) Das Faxpapier hat er jedoch für sein privates Faxgerät erworben. Wie ist dieser Sachverhalt zu buchen?

c) Die Rechnung der Schäfer Shop GmbH (Beleg 1) enthält weder die Steuernummer noch die Umsatzsteuer-Identifikationsnummer des Unternehmens.

Welche beiden Aussagen sind **nicht** zutreffend?

1. Die Angabe der Steuernummer und der Umsatzsteuer-Identifikationsnummer ist freiwillig. Ein Fehlen auf der Rechnung hat keinerlei Konsequenzen.

2. Die Angabe der Umsatzsteuer-Identifikationsnummer ist nur bei umsatzsteuerfreien Lieferungen und Leistungen innerhalb von Ländern der EU vorgeschrieben. Diese Angabe ist aber auch bei inländischen Rechnungen von Bedeutung, wenn die Steuernummer des Leistungserbringers nicht angegeben ist.

3. Eine Rechnung muss die vom Finanzamt erteilte Steuernummer oder die Umsatzsteuer-Identifikationsnummer des leistenden Unternehmers enthalten. Erst dann ist die Berechtigung zum Vorsteuerabzug gegeben.

4. Die Angabe der Umsatzsteuer-Identifikationsnummer(USt-IdNr.) ist wichtig beim Handel innerhalb der Europäischen Union. Wer diese Nummer angibt, kann steuerfrei in einen anderen EU-Mitgliedsstaat liefern, wenn auch der Kunde eine gültige USt-IdNr. besitzt.

5. Die Angabe der Umsatzsteuer-Identifikationsnummer ist nur bei umsatzsteuerfreien Lieferungen und Leistungen innerhalb von Ländern der EU vorgeschrieben. Diese Angabe ist in jedem Fall bei inländischen Rechnungen ohne Bedeutung.

3) Handels- und Steuerrecht enthalten zahlreiche Vorschriften zur Aufbewahrung von Geschäftsunterlagen. Um die Kosten der Aufbewahrung zu reduzieren, hat sich die Gabriel KG entschieden, Originalbelege wie die links abgebildeten Rechnungen zu digitalisieren und nur noch elektronisch „aufzubewahren".

Nehmen Sie an, dass die Rechnung der Firma Schäfer Shop vom 09.09.2013 datiert. Bis wann muss die Gabriel KG den Beleg aufbewahren?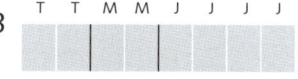

4) Die Personalabteilung bittet darum, dass Sie noch einige Buchungen zur Lohn- und Gehaltsabrechnung vornehmen. Da es hierbei nicht nur um die Bezahlung der Mitarbeiter, sondern auch um die Abführung von Steuern und Sozialversicherungsbeiträgen geht, ist die Vorgehensweise recht komplex.

Bringen Sie den Ablauf in die richtige Reihenfolge, indem Sie die Ziffern 1 bis 5 in die Kästchen eintragen. Nehmen Sie dabei an, dass die Bürobedarf Gabriel KG die Löhne und Gehälter am letzten Arbeitstag eines Monats auszahlt. Übertragen Sie anschließend Ihre senkrecht angeordneten Lösungsziffern in dieser Reihenfolge von links nach rechts in den Lösungsbogen!

a) Überweisung der abzuführenden Steuern an das Finanzamt

b) Schätzung des Gesamtsozialversicherungsbeitrags

c) Überweisung der Gesamtsozialversicherungsvorauszahlung an die Krankenkasse

d) Zahlung der Gehälter an die Mitarbeiter

e) Ermittlung der tatsächlichen Gehälter und Sozialversicherungsbeiträge

1) Die Bürobedarf Gabriel KG hat vor drei Jahren eine Spezialmaschine zur Zerteilung von Papierrollen erworben.

a) Die Maschine hat zum Zeitpunkt der Anschaffung 12.400,00 € netto gekostet. Zusätzlich musste die Gabriel KG 950,00 € netto für den Transport und die Montage der Maschine zahlen. Außerdem wurde eine Transportversicherung abgeschlossen, die 169,50 € netto gekostet hat und für die Sachversicherung der Maschine wurden im ersten Jahr 89,50 € netto berechnet. Beim Aufbau der Maschine haben zwei Techniker der Firma Gabriel mitgearbeitet, da sie die Integration in die Fabrik besser durchführen konnten. Insgesamt haben die beiden 100 Stunden gearbeitet. Als Stundensatz ist von einem Betrag von 30,00 € auszugehen. Die Zinsen für den zur Finanzierung aufgenommenen Kredit belaufen sich auf 1.154 € pro Jahr.

Mit welchem Wert ist die Maschine im Jahr der Anschaffung aktiviert worden?

b) Die Maschine hat einen Zähler, der die Betriebsstunden erfasst. Der Hersteller hat eine Nutzungsdauer von maximal 1 100 Stunden als technische Lebensdauer der Maschine angegeben.
Im aktuellen Geschäftsjahr wurde die Maschine laut Zähler 235 Stunden verwendet.

Wie hoch ist der Abschreibungsbetrag in diesem Geschäftsjahr? Runden Sie alle Ergebnisse auf zwei Stellen nach dem Komma.

c) Eine Wartung der Spezialmaschine durch den Hersteller hat ergeben, dass die Maschine wahrscheinlich nicht nur die bisher angenommenen 1 100 Stunden sondern 1 500 Stunden genutzt werden kann. Die Gabriel KG hat sich entschieden, die Maschine weiterhin über eine Nutzungsdauer von 1 100 Stunden abzuschreiben.

Was bedeutet dies für die Gabriel KG?

1. Die Maschine wird am Ende der technischen Nutzungsdauer noch nicht vollständig abgeschrieben sein.

2. Die Bilanz der Gabriel KG enthält eine stille Last, da die auf die Maschine vorgenommenen Abschreibungen zu gering sind.

3. Die Abschreibung anhand der tatsächlichen Inanspruchnahme der Maschine ist für diese als Abschreibungsverfahren nicht geeignet.

4. Die Maschine wird vor dem Ende der technischen Nutzungsdauer abgeschrieben sein und eine stille Reserve in der Bilanz der Gabriel KG entsteht.

d) Im Rahmen der Erstellung des Jahresabschlusses muss die Gabriel KG eine Inventur durchführen und das Inventar aufstellen. Im Bereich der Maschinen und Anlagen werden im Rahmen der Inventur die Daten der Anlagenbuchhaltung ausgewertet werden.

Um welche Art der Inventur handelt es sich dabei?

1. Körperliche Inventur.

2. Stichtagsinventur bzw. zeitnahe Inventur

3. Permanente Inventur

4. Buchinventur

2) Die Gabriel KG kauft regelmäßig große Rollen mit Papier, wobei für jede Sorte eine getrennte Bewertung erfolgt. Die Daten des betroffenen Materialkontos sind in der nachfolgenden Tabelle dargestellt.

Datum	Bewegung	Menge	Wert je Rolle in €
01.01.	Anfangsbestand	8	350,00
29.01.	Zugang	10	340,00
05.04.	Abgang	14	
18.07.	Zugang	15	364,00
28.09.	Abgang	10	

a) Zur Bewertung setzt die Gabriel KG das Verfahren des gewogenen Durchschnitts ein.

Mit welchem Wert je Rolle werden die verbliebenen Rollen zum 31.12. in der Bilanz geführt?

b) Ihr Vorgesetzter weist Sie darauf hin, dass der gleitende gewogene Durchschnitt zu einer genaueren Bewertung führt.

Mit welchem Wert je Rolle wäre der Bestand bei Anwendung dieses Verfahrens zu bewerten?

Runden Sie alle Ergebnisse der Aufgaben a) und b) auf zwei Stellen nach dem Komma!

3) Im Rahmen der Erstellung des Jahresabschlusses erstellt die Gabriel KG eine Übersicht über alle noch offenen Forderungen. Anschließend werden die Forderungen daraufhin überprüft, ob eine Wertberichtigung vorzunehmen ist.

a) Kunden, mit denen eine Kontokorrentvereinbarung besteht, wird zum Jahresende ein Auszug mit allen noch offenen Forderungen zugeschickt und um Prüfung der aufgeführten Positionen gebeten.

Welche Folgen hat diese Vorgehensweise für die Gabriel KG?

1. Nach Erhalt des Kontoauszugs ist der Kunde verpflichtet, alle fälligen Forderungen zu verzinsen.

2. Widerspricht der Kunde den Angaben auf dem Kontoauszug nicht, so kann die Gabriel KG davon ausgehen, dass die Forderungen richtig erfasst wurden.

3. Widerspricht der Kunde den Angaben auf dem Kontoauszug, so ist eine Einzelwertberichtigung der Forderungen gegen diesen Kunden vorzunehmen.

4. Widerspricht der Kunde den Angaben auf dem Kontoauszug nicht, so ist dies als Anerkenntnis der Forderung zu werten und der Kunde kann sich später nicht darauf berufen, dass die Forderung nicht besteht.

b) Von einem Kunden hat die Gabriel KG am 28.12. einen Verrechnungsscheck erhalten, auf dem als Ausstellungsdatum versehentlich der 28.01. des nächsten Jahres vermerkt wurde. Die Gabriel KG möchte den Scheck noch im laufenden Jahr einlösen.

Was kann die Gabriel KG tun?

1. Sie kann den Scheck sofort einlösen und den Betrag bar auf ihr Konto einzahlen.

2. Sie kann den Scheck sofort einreichen und eine Gutschrift auf ihr Konto erhalten.

3. Sie kann den Scheck sofort einreichen. Die Gutschrift erfolgt erst am 28. Januar.

4. Sie kann den Scheck erst frühestens am 28. Januar einreichen.

c) Die Bewertung der Forderungen verläuft bei der Gabriel KG nach einer Arbeitsanweisung, deren Einhaltung auch von der internen Revision überwacht wird.

Bringen Sie den Ablauf einer Bewertung von Forderungen in die korrekte Reihenfolge, indem Sie die Ziffern 1 bis 6 in die Kästchen eintragen. Übertragen Sie anschließend Ihre senkrecht angeordneten Lösungsziffern in dieser Reihenfolge von links nach rechts in den Lösungsbogen!

ca) Direkte Abschreibung uneinbringlicher Forderungen

cb) Erstellen einer Übersicht über alle bestehenden Forderungen

cc) Pauschalwertberichtigung der nicht einzeln berichtigten Forderungen

cd) Umbuchung der zweifelhaften Forderungen auf das Konto 247

ce) Einzelwertberichtigung zweifelhafter Forderungen

cf) Abschluss der Konten

4) Im Rahmen der Bildung von Rückstellungen für zu erwartende Zahlungen für Energie, Wasser und Telekommunikation fällt Ihnen auf, dass der Telefonanbieter am 15. Dezember einen viel zu hohen Betrag per Lastschrift vom Bankkonto der Gabriel KG abgebucht hat.

Wie können Sie in dieser Angelegenheit vorgehen?

1. Die Zahlung kann innerhalb von acht Wochen von der Gabriel KG widerrufen werden.

2. Die Gabriel KG muss umgehend ein Schreiben an den Telefonanbieter schicken, da mit Erstellung des Jahresabschlusses eine Korrektur der zu hohen Zahlung nicht mehr möglich ist.

3. Die Gabriel KG muss in diesem Jahr keine Rückstellung für die zu erwartende Telefonrechnung für den Monat Dezember bilden, da ohnehin eine Forderung gegen den Telefonanbieter besteht.

4. Keine der Antworten ist zutreffend.

1) Die Gabriel KG setzt in der Produktion zahlreiche Spezialmaschinen ein. Aufgrund der zunehmenden Integration von Elektronik in diese Maschinen hat das Unternehmen in den letzten Jahren eine regelmäßige Preissteigerung bei vielen der benötigten Anlagen beobachtet.

Am 1. Juni 2011 hat die Gabriel KG eine neue Verpackungsmaschine in Betrieb genommen, mit der fertige Versandtaschen versandfertig verpackt werden. Die Anschaffungskosten der Maschine lagen bei 2.500.000,00 € bei einer steuerrechtlichen Nutzungsdauer von 13 Jahren.

a) Die Gabriel KG ist ein profitables Unternehmen und versucht daher, einen möglichst hohen Betrag der getätigten Investitionen sofort abzuschreiben. Wie hoch ist der maximale steuerrechtlich zulässige Abschreibungsbetrag im Jahr der Anschaffung?

b) Der Produktionsleiter geht davon aus, dass die Verpackungsmaschine bei der Gabriel KG 10 Jahre eingesetzt werden kann. Anschließend ist eine Ersatzbeschaffung erforderlich, wobei die Einkaufsabteilung davon ausgeht, dass die Anschaffungskosten einer vergleichbaren Maschine dann bei 3.000.000,00 € liegen werden.

   ba) Wie hoch ist der anzuwendende Abschreibungssatz in der Kostenrechnung, wenn von einer gleichmäßigen Nutzung der Maschine auszugehen ist?

   bb) Welcher Betrag wird in der Kostenrechnung im Jahr der Anschaffung als kalkulatorische Abschreibung für die Maschine berücksichtigt?

c) Die Abschreibungsbeträge der Kostenrechnung unterscheiden sich von denen in der Finanzbuchhaltung.

Welche **2** der folgenden Feststellungen sind in diesem Zusammenhang richtig?

1. Bei den kalkulatorischen Abschreibungen handelt es sich um echte Zusatzkosten, die berücksichtigten, dass steuerrechtlich nicht alle Anschaffungskosten aktiviert und abgeschrieben werden dürfen.

2. Kalkulatorische Abschreibungen berücksichtigen den tatsächlichen betriebsnotwendigen Werteverzehr in einer Periode. Sie dienen der Substanzerhaltung.

3. Bei den kalkulatorischen Abschreibungen der Verpackungsmaschine handelt es sich um Anderskosten.

4. Kalkulatorische und steuerrechtliche Abschreibungen unterscheiden sich dadurch, dass es keine degressive kalkulatorische Abschreibung gibt.

d) Neben kalkulatorischen Abschreibungen werden in der Kosten- und Leistungsrechnung weitere kalkulatorische Kosten erfasst.

Welche der **2** folgenden Feststellungen beschreiben zutreffend Fälle weiterer kalkulatorischer Kosten?

1. Die Gabriel KG nutzt für Produktion und Verwaltung Gebäude, die dem Unternehmen gehören. Als kalkulatorische Miete verwendet die Gabriel KG die ortsübliche Miete für vergleichbare gewerblich genutzte Räume.

2. Die kalkulatorischen Zinsen werden anhand eines marktüblichen Zinssatzes auf das Gesamtkapital der Gabriel KG berechnet.

3. Die kalkulatorischen Wagnisse berücksichtigen unter anderem die Risiken von Konjunktur- und Nachfrageverschiebungen.

4. Herr Gabriel ist Geschäftsführer und voll haftender Gesellschafter. Kalkulatorischer Unternehmerlohn wird nicht fällig, da er kein Gehalt bezieht, sondern einen Teil des Gewinns der Gabriel KG erhält.

5. Zur Ermittlung eines Quartals-Betriebsergebnisses ist es erforderlich, einmalige Ausgaben wie die Zahlung von Urlaubs- und Weihnachtsgeld auf die einzelnen Monate zu verteilen.

2) Die Gabriel KG setzt zur Ermittlung der Selbstkosten das Verfahren der Zuschlagskalkulation ein. Zu Beginn des Geschäftsjahres wurde eine Vorkalkulation anhand von Normalkosten vorgenommen. Zum Ende des Jahres wird diese nun den Istkosten gegenübergestellt.

Kostenträgerzeitrechnung	Istkosten		Normalkosten		Kosten-abweichung
	€	%	€	%	
1. Fertigungsmaterial	18.850.200,00		18.850.200,00		
2. Materialgemeinkosten	4.524.048,00	24 %	4.147.044,00	22 %	
3. Materialkosten	**23.374.248,00**		**22.997.244,00**		
4. Fertigungslöhne	8.520.600,00		8.520.600,00		
5. Fertigungsgemeinkosten	10.480.338,00		9.969.102,00	117 %	
6. Sondereinzelkosten Fertigung					
7. Fertigungskosten	**19.000.938,00**		**18.489.702,00**		
8. Herstellkosten d. Rechnungsperiode	**42.375.186,00**		**41.486.946,00**		
9. Anfangsbestand unfertige Erzeugnisse	560.890,00		560.890,00		
10. Endbestand unfertige Erzeugnisse	450.960,00		450.960,00		
11. Herstellkosten der Produktion			**41.596.876,00**		
12. Anfangsbestand Fertige Erzeugnisse	456.800,00		456.800,00		
13. Endbestand Fertige Erzeugnisse	968.500,00		968.500,00		
14. Herstellkosten des Umsatzes			**41.085.176,00**		
15. Verwaltungsgemeinkosten	6.715.746,56	16 %	6.984.479,92	17 %	
16. Vertriebsgemeinkosten	5.036.809,92	12 %	5.341.072,88	13 %	
17. Sondereinzelkosten Vertrieb					
18. Selbstkosten des Umsatzes			**53.410.728,80**		
19. Umsatzerlöse	58.961.270,00		58.961.270,00		
20. Betriebsergebnis					
Umsatzergebnis			5.550.541,20		

a) Ermitteln Sie den Ist-Fertigungsgemeinkostenzuschlagssatz!

b) Ermitteln Sie das Betriebsergebnis der Gabriel KG!

c) Wie hoch ist die Kostenüberdeckung bzw. Kostenunterdeckung des abgelaufenen Geschäftsjahres? Kennzeichnen Sie eine Kostenüberdeckung mit positivem Vorzeichen und eine Kostenunterdeckung mit negativem Vorzeichen!

d) Es gibt verschiedene Arten Abweichungen zwischen Normal- und Istkosten.

Ordnen Sie zu, indem Sie die Kennziffern von **3** der insgesamt 4 Beispiele in die Kästchen neben den Abweichungsarten eintragen. Übertragen Sie anschließend Ihre senkrecht angeordneten Lösungsziffern in dieser Reihenfolge von links nach rechts in den Lösungsbogen.

Beispiele

1. Durch eine geänderte Besteuerung des Verbrauchs von Energie und eines Preisanstiegs für Heizöl und Gas sind die Energiekosten unerwartet stark angestiegen.

2. Die Inbetriebnahme einer neuen Verpackungsmaschine hat zu einer erheblichen Einsparung von Verpackungsmaterial geführt.

3. Durch die unerwartet starke Nachfrage nach einer innovativen Versandtasche, bei der der Empfänger jedes unbefugte Öffnen erkennen kann, wurde die geplante Produktionsmenge erheblich überschritten.

4. Aufgrund unerwartet starken Konkurrenzdrucks hat die Gabriel KG die Preise für an Discounter gelieferte Schulhefte um 2 % gesenkt.

Abweichungsarten

da) Preisabweichung

db) Verbrauchsabweichung

dc) Beschäftigungsabweichung

e) Bei der Kostenträgerrechnung auf Vollkostenbasis werden die Gemeinkosten mit Zuschlagssätzen auf die Kostenträger verteilt. Dabei wird ein proportionales Verhältnis zwischen Einzel- und Gemeinkosten unterstellt.

Was sind die Folgen für die Gabriel KG (**2 Lösungen**)?

1. Bei abnehmender Beschäftigung nehmen die fixen Kosten pro Stück zu und damit die gesamten Stückkosten ab.

2. Bei zunehmender Beschäftigung nehmen die fixen Kosten pro Stück ab und damit die gesamten Stückkosten ab.

3. Bei zunehmender Beschäftigung nehmen die fixen Kosten pro Stück ab und damit die gesamten Stückkosten zu.

4. Bei abnehmender Beschäftigung treten Kostenunterdeckungen auf und bei zunehmender Beschäftigung treten Kostenüberdeckungen auf.

Aufgabe 6.4

1) Aufgrund der Mängel der Vollkostenrechnung bei Problemen der kurzfristigen Preiskalkulation setzt die Gabriel KG zusätzlich eine mehrstufige Deckungsbeitragsrechnung ein.

Angaben in T€	Versandtaschen			Schreibblöcke und Hefte	Mappen und Ordner		Ablage- und Ordnungssysteme	
	V1	V2	V3		MO1	MO2	AO1	AO2
Nettoerlöse	2.569	5.693	4.526	9.856	2.569	3.598	4.711	1.879
Variable Kosten	1.890	3.596	3.990	7.850	1.287	2.150	2.640	965
Produktfixkosten	200	450	380	600	200	300	400	280
Produktgruppenfixkosten	1.560			400	430		600	
Bereichsfixkosten	760			200	500			
Unternehmensfixkosten	600							

Deckungsbeitragsrechnung Gabriel KG (Auszug)

a) Ermitteln Sie den Deckungsbeitrag IV des Bereichs Versandtaschen! Kennzeichnen Sie positive bzw. negative Deckungsbeiträge mit entsprechendem Vorzeichen!

b) Die mehrstufige Deckungsbeitragsrechnung macht bei der Gabriel KG eine Unterteilung der fixen Kosten in Produktfixkosten, Produktgruppenfixkosten, Bereichsfixkosten und Unternehmensfixkosten erforderlich.

Ordnen Sie zu, indem Sie die Kennziffern der **4** Fixkostenarten in die Kästchen neben den Beispielen eintragen! Übertragen Sie anschließend Ihre senkrecht angeordneten Lösungsziffern in dieser Reihenfolge von links nach rechts in den Lösungsbogen!

Fixkostenarten

1. Produktfixkosten

2. Produktgruppenfixkosten

3. Bereichsfixkosten

4. Unternehmensfixkosten

Beispiele

ba) Kosten der Abteilung betriebliches Rechnungswesen

bb) Gehälter der Mitarbeiter des Vertriebsteams „Versandtaschen Discounter"

bc) Kalkulatorische Abschreibungen der Verpackungsmaschine für Versandtaschen

bd) Kalkulatorische Miete des Fertigproduktlagers für Mappen, Ordner, Ablage- und Ordnungssysteme

be) Kalkulatorische Abschreibungen der Schneidemaschine für Hefte und Blöcke

bf) Patentlizenzgebühr für die Technologie zur Herstellung des Umschlags „Dokusafe"

2) Um Veränderungen der Kostenstruktur frühzeitig zu erkennen, wird bei der Gabriel KG auf Ebene der Kostenstellen jedes Jahr eine Plankostenrechnung für das folgende Geschäftsjahr vorgenommen. Ihnen liegt die dargestellte Kostenplanung für die Kostenstelle „Verpackung Versandtaschen" vor.

Verpackungsanlage Versandtaschen					
Geplante Betriebsstunden: 7.600					
Kostenart	Planmenge	Planpreis in €	Plankosten in €		
			variabel	fix	gesamt
Fertigungslöhne	7 600 Stunden	18,00	136.800,00		136.800,00
Energie	530 000 kWh	0,12	57.600,00	6.000,00	63.600,00
Gemeinkosten Material			3.500,00	2.620,00	6.120,00
Instandsetzung			4.000,00	2.000,00	6.000,00
Kalkulatorische Abschreibung				48.600,00	48.600,00
Kalkulatorische Zinsen				36.510,00	36.510,00
Kalkulatorische Miete	100 m²	7,50		750,00	750,00
Sonstige Kosten			5.830,00	27.810,00	33.640,00
	Summe Plankosten		207.730,00	124.290,00	332.020,00
	Plankostenverrechnungssatz		27,33		

a) Geben Sie den Plankostenverrechnungssatz pro Stunde für die Verpackungsanlage an!

b) Die Istkosten der Anlage liegen für das Geschäftsjahr bei 385.400,00 €. Die Geschäftsleitung bittet den Kostenstellenleiter um eine Begründung für diese gravierende Abweichung. Der Kostenstellenleiter führt als Grund die unerwartet hohe Nachfrage nach Versandtaschen an. Dies habe eine Ausweitung der Produktion erforderlich gemacht, sodass die Verpackungsanlage tatsächlich 8 400 Stunden betrieben wurde. Der Geschäftsleiter bittet Sie, die Begründung des Kostenstellenleiters zu prüfen.

   ba) Wie hoch sind die Sollkosten der Kostenstelle bei einer Beschäftigung von 8 400 Stunden?

   bb) Wie hoch ist die Beschäftigungsabweichung der Kostenstelle bei einer Beschäftigung von 8 400 Stunden? Bei negativem Ergebnis ist dies durch ein „–" als Vorzeichen zu kennzeichnen. Runden Sie das Ergebnis auf zwei Stellen nach dem Komma!

   bc) Wie hoch ist die Verbrauchsabweichung der Kostenstelle?

c) Der Kostenstellenleiter weist die Verantwortung für die Verbrauchsabweichung von sich.

   Welche der folgenden Ursachen kann zu der Verbrauchsabweichung geführt haben, ohne dass der Kostenstellenleiter verantwortlich ist?

   1. Zusätzliche Instandhaltungskosten wegen eines übersehenen Defekts

   2. Zusätzliche Instandhaltungskosten wegen der erheblichen Produktionsausweitung

   3. Ein höherer Personalbedarf aufgrund von Schwierigkeiten bei der Bedienung der Verpackungsmaschine

   4. Maschinenstillstandskosten wegen der Reparatur des übersehenen Defekts

Ihre Notizen

Aufgabenblock 7

Die bisherigen Aufgabenblöcke dienen in ihrer Gestaltung der Vorbereitung auf die Abschlussprüfung nach der Prüfungsordnung (siehe Einleitung).

Für das Verständnis vieler Sachverhalte und zur Vorbereitung auf Klausuren in der Berufsschule sind jedoch auch komplexe „Aufgaben" hilfreich, in denen umfangreiche Teilaufgaben z. B. aus der Finanzbuchhaltung, der Bilanzierung oder der Kostenstellenrechnung vollständig zu bearbeiten sind. Im folgenden Teil der Arbeitsmappe werden daher einige dieser Aufgaben vorgestellt.

Die Lösung derartig aufwändiger Aufgaben sprengt den Zeitaufwand einer Abschlussprüfung, verdeutlicht aber die Zusammenhänge, über die zur Bearbeitung von Prüfungsaufgaben Klarheit bestehen muss.

Hinweis zur Bearbeitung: Lösungen bitte hier im Aufgabenteil in die betreffenden Felder eintragen.

Aufgabe 7.1

Auszug aus dem Kontenplan zur Lösung der Aufgabe 7.1

- 020 Konzessionen, gewerbliche Schutzrechte und ähnliche Rechte und Werte sowie Lizenzen an solchen Rechten und Werten
- 087 Büromöbel und sonstige Geschäftsausstattung
- 200 Rohstoffe/Fertigungsmaterial
- 220 Fertige Erzeugnisse
- 240 Forderungen aus Lieferungen und Leistungen
- 260 Vorsteuer
- 280 Bank
- 300 Eigenkapital
- 3001 Privatkonto
- 425 Langfristige Bankverbindlichkeiten
- 440 Verbindlichkeiten aus Lieferungen und Leistungen
- 480 Umsatzsteuer
- 500 Umsatzerlöse
- 5202 Bestandsveränderungen an fertigen Erzeugnissen
- 542 Entnahme von Gegenständen und Leistungen
- 600 Aufwendungen für Rohstoffe
- 605 Aufwand für Energie
- 616 Fremdinstandhaltung und Reparaturmaterial
- 630 Gehälter
- 652 Abschreibungen auf Sachanlagen
- 5001 Erlösberichtigungen
- 800 Eröffnungsbilanzkonto
- 801 Schlussbilanzkonto
- 802 GuV-Konto Gesamtkostenverfahren

Aktiva	Bilanz der Braumann KG zum 31.12.12 €		Passiva
Konzessionen, gewerbl. Schutzrechte	650	Eigenkapital	12.000
Büromöbel, sonstige Geschäftsausstattung	7.800	Langfrist. Verbindlichk. gegenüber Kreditinst.	13.750
Rohstoffe	4.500	Verbindlichkeiten aus L+L	6.700
Fertige Erzeugnisse	6.000		
Forderungen aus L+L	8.500		
Guthaben bei Kreditinstituten	5.000		
	32.450		**32.450**

Ihnen liegt die oben stehende Bilanz der Braumann KG zum 31. Dezember 2012 vor. Sie sollen die zum Beginn des Geschäftsjahres 2013 erforderlichen Eröffnungsbuchungen vornehmen und die in den folgenden Teilaufgaben aufgeführten Geschäftsfälle unter Verwendung des Auszugs aus dem Kontenplan buchen. Anschließend sind die Gewinn- und Verlustrechnung sowie die Bilanz zum Ende des 1. Quartals des Geschäftsjahres 2013 zu erstellen.

Um Ihnen die Arbeit zu erleichtern, sind auf den nächsten Seiten Vorlagen für Journal und Hauptbuch abgedruckt. Beachten Sie bei der Durchführung der Buchungen, dass Sie sich an das Verfahren zur Eintragung der Buchungen halten wie es unten in den Beispielen dargestellt wird. Nur so können Sie am Ende Ihre Ergebnisse mit den im Lösungsband abgedruckten Ergebnissen vergleichen.

Die „längeren" Konten im Hauptbuch sollten Sie für das Eröffnungsbilanzkonto, das Schlussbilanzkonto, das Gewinn- und Verlustkonto sowie das Bankkonto verwenden.

Um Ihnen die Arbeit beim Eintragen der Buchungen zu erleichtern, sind alle Beträge in der Aufgabe ohne Nachkommastellen (Cent) angegeben!

Beispiel Journal

Datum	B-Nr.	Beleg	Buchungstext	Kontierung		Betrag	
				Soll	Haben	Soll	Haben
01.01.	1		Eröffnungsb. Bank	240		5.000	
					800		5.000

Beispiele Hauptbuch

Soll			800 EBK		Haben
Nr.	Konto	Betrag	Konto	Betrag	Nr.
			240	5.000	1

Soll			240 Bank		Haben
Nr.	Konto	Betrag	Konto	Betrag	Nr.
1	800	5.000			

1) Führen Sie auf der Grundlage der nebenstehenden Bilanz die Eröffnungsbuchungen zum Beginn des Geschäftsjahres 2013 durch (B-Nr. EB1 – EB9)!

2) Die folgenden Geschäftsfälle sind noch zu buchen. Nehmen Sie die erforderlichen Buchungen im Journal und im Hauptbuch vor (B-Nr. 1 – 14)!

   1. Am 13.01. verkauft die Braumann KG unter der Rechnungs-Nr. AR01 Waren im Wert von 6.250 € netto auf Ziel an die Müller AG.

   2. Am 20.01. zahlt die Müller AG die Rechnung AR01 unter Abzug von 2 % Skonto per Banküberweisung (BA01).

   3. Am 30.01. tilgt die Braumann KG 3.750 € des langfristigen Kredits durch Banküberweisung (BA02).

   4. Am 31.01. zahlt die Braumann KG Gehälter in Höhe von 3.500 € durch Banküberweisung (BA03).

   5. Am 10.02. erwirbt die Braumann KG Rohstoffe im Wert von 4.000 € netto auf Ziel von der Adam GmbH (ER01).

   6. Am 15.02. zahlt die Braumann KG eine Stromrechnung über 1.190 € brutto per Banküberweisung (ER02; BA04).

   7. Am 25.02. zahlt die Braumann KG die Rohstofflieferung vom 10.02. (ER01) durch Banküberweisung ohne Abzug von Skonto (BA04).

   8. Am 28.02. zahlt die Braumann KG Gehälter in Höhe von 3.550 € durch Banküberweisung (BA05).

   9. Am 08.03. verkauft die Braumann KG Waren im Wert von 8.000 € netto auf Ziel an die Steinbeck KG (AR02).

   10. Am 15.03. stellt ein Service-Techniker für die Reparatur einer Verpackungsmaschine 1.500 € netto in Rechnung (ER03).

   11. Am 20.03. zahlt die Steinbeck KG die Rechnung AR02 durch Banküberweisung (BA05).

   12. Am 22.03. erwirbt die Braumann KG einen neuen Schreibtisch im Wert von 500 € netto auf Ziel von der Stühle Richter OHG (ER04).

   13. Am 25.03. entnimmt der geschäftsführende Gesellschafter Herr Braumann Fertigware im Wert von 2.000 € netto für Privatzwecke (EB01).

   14. Am 26.03. gibt die Braumann KG den erworbenen Schreibtisch aufgrund erheblicher Defekte an den Verkäufer zurück, ohne einen anderen Schreibtisch zu erhalten (G01).

3) Nehmen Sie alle erforderlichen vorbereitenden Abschlussbuchungen vor (B-Nr. 15 – 17)!
   Beachten Sie hierzu die folgenden Angaben:

   a) Auf die Büromöbel und sonstige Geschäftsausstattung ist zum Ende des I. Quartals eine Abschreibung in Höhe von 390 € vorzunehmen (EB02).

   b) Die Inventur hat bei den Rohstoffen einen Bestand von 6.000 € (EB03) sowie bei den Fertigerzeugnissen einen Bestand von 3.000 € (EB04) ergeben.

   Rechnungsabgrenzungen, Rückstellungen etc. sollen zur Vereinfachung nicht berücksichtigt werden!

4) Schließen Sie alle Erfolgskonten und Bestandskonten ab (B-Nr. 18 – 39)!

Aufgabe 7.1

Journal

	Datum	B-Nr.	Beleg	Buchungstext	Kontierung		Betrag	
					Soll	Haben	Soll	Haben
1)	01.01.	EB 1						
	01.01.	EB 2						
	01.01.	EB 3						
	01.01.	EB 4						
	01.01.	EB 5						
	01.01.	EB 6						
	01.01.	EB 7						
	01.01.	EB 8						
	01.01.	EB 9						
2)	13.01.	1						
	20.01.	2						
	30.01.	3						
	31.01.	4						
	10.02.	5						
	15.02.	6						
	25.02.	7						
	28.02.	8						
	08.03.	9						
	15.03.	10						

Journal

Datum	B-Nr.	Beleg	Buchungstext	Kontierung		Betrag	
				Soll	Haben	Soll	Haben
20.03..	11						
22.03.	12						
25.03.	13						
28.03.	14						
31.03.	15						
31.03.	16						
31.03.	17						
31.03.	18						
31.03.	19						
31.03.	20						
31.03.	21						
31.03.	22						
31.03.	23						
31.03.	24						
31.03.	25						
31.03.	26						
31.03.	27						
31.03.	28						
31.03.	29						
31.03.	30						
31.03.	31						

3) a) 31.03. 15

b) 31.03. 16

4) 31.03. 18

Journal

Datum	B-Nr.	Beleg	Buchungstext	Kontierung		Betrag	
				Soll	Haben	Soll	Haben
31.03..	32						
31.03..	33						
31.03..	34						
31.03..	35						
31.03..	36						
31.03..	37						
31.03..	38						
31.03..	39						

Hauptbuch

Soll					Haben
Nr.	Konto	Betrag	Konto	Betrag	Nr.

Soll					Haben
Nr.	Konto	Betrag	Konto	Betrag	Nr.

Soll					Haben
Nr.	Konto	Betrag	Konto	Betrag	Nr.

Soll					Haben
Nr.	Konto	Betrag	Konto	Betrag	Nr.

Soll					Haben
Nr.	Konto	Betrag	Konto	Betrag	Nr.

Soll					Haben
Nr.	Konto	Betrag	Konto	Betrag	Nr.

Soll					Haben
Nr.	Konto	Betrag	Konto	Betrag	Nr.

Soll					Haben
Nr.	Konto	Betrag	Konto	Betrag	Nr.

Soll					Haben
Nr.	Konto	Betrag	Konto	Betrag	Nr.

Soll					Haben
Nr.	Konto	Betrag	Konto	Betrag	Nr.

Soll					Haben
Nr.	Konto	Betrag	Konto	Betrag	Nr.

Soll					Haben
Nr.	Konto	Betrag	Konto	Betrag	Nr.

Hauptbuch

Soll					Haben
Nr.	Konto	Betrag	Konto	Betrag	Nr.

Soll					Haben
Nr.	Konto	Betrag	Konto	Betrag	Nr.

Soll					Haben
Nr.	Konto	Betrag	Konto	Betrag	Nr.

Soll					Haben
Nr.	Konto	Betrag	Konto	Betrag	Nr.

Soll					Haben
Nr.	Konto	Betrag	Konto	Betrag	Nr.

Soll					Haben
Nr.	Konto	Betrag	Konto	Betrag	Nr.

Soll					Haben
Nr.	Konto	Betrag	Konto	Betrag	Nr.

Soll					Haben
Nr.	Konto	Betrag	Konto	Betrag	Nr.

Soll					Haben
Nr.	Konto	Betrag	Konto	Betrag	Nr.

Soll					Haben
Nr.	Konto	Betrag	Konto	Betrag	Nr.

Soll					Haben
Nr.	Konto	Betrag	Konto	Betrag	Nr.

Soll					Haben
Nr.	Konto	Betrag	Konto	Betrag	Nr.

Soll					Haben
Nr.	Konto	Betrag	Konto	Betrag	Nr.

Vermögensgegenstände und Schulden sind gemäß § 252 HGB grundsätzlich einzeln zu bewerten. Bei Vorräten ist dies jedoch vielfach nur mit erheblichem Aufwand möglich, da die Vorräte zu unterschiedlichen Preisen und unterschiedlichen Terminen erworben wurden und die Lagerung gemischt erfolgt.

Zur Bewertung der Vorräte stehen daher einige Bewertungsvereinfachungsverfahren zur Verfügung, die zu unterschiedlichen Wertansätzen führen können. Anhand des folgenden Beispiels können Sie sich die Unterschiede zwischen den einzelnen Verfahren selber erarbeiten. Die Tabelle gibt die Lagerbewegungen des Farbenlagers der Braumann KG für das erste Quartal wieder.

Die Verfahren sind grundsätzlich zulässig, solange sie nicht im Widerspruch zur tatsächlichen Verbrauchsfolge stehen. So könnte man das LIFO-Verfahren nicht bei verderblichen Lebensmitteln einsetzen.

Datum	Bewegung	Menge	Wert je l
01.01.	Anfangsbestand	450 l	3,50 €
05.01.	Entnahme	250 l	
12.01.	Entnahme	100 l	
15.01.	Zugang	200 l	3,20 €
22.01.	Entnahme	100 l	
30.01.	Zugang	300 l	3,60 €
15.02.	Entnahme	200 l	
25.02.	Zugang	300 l	3,40 €
14.03.	Entnahme	150 l	
19.03.	Entnahme	200 l	
25.03.	Zugang	200 l	3,30 €

1) Ermitteln Sie den Wert des Lagerbestands an Farbe zum 31. März des Geschäftsjahres mit dem Verfahren des gewogenen Durchschnitts!

2) Ermitteln Sie den Wert des Lagerbestands an Farbe zum 31. März des Geschäftsjahres mit dem Verfahren des gleitenden gewogenen Durchschnitts!

3) Ermitteln Sie den Wert des Lagerbestands an Farbe zum 31. März des Geschäftsjahres mit dem permanenten LIFO-Verfahren!

4) Ermitteln Sie den Wert des Lagerbestands an Farbe zum 31. März des Geschäftsjahres mit dem FIFO-Verfahren!

5) Ermitteln Sie den Wert des Lagerbestands an Farbe zum 31. März des Geschäftsjahres mit dem HIFO-Verfahren!

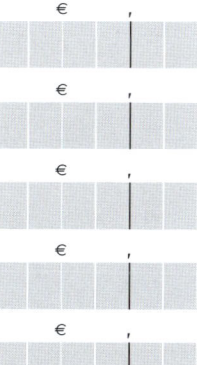

6) Zum 31. März ergibt sich ein Marktwert von 3,35 € je Liter Farbe. Welche Auswirkungen hat diese Tatsache auf die unter 1) bis 5) ermittelten Bewertungen?

7) Welche der dargestellten Verfahren sind steuerrechtlich zulässig?

Runden Sie alle Zwischen- und Endergebnisse der Aufgaben 1) bis 5) auf zwei Stellen nach dem Komma!

1) Insbesondere bei der externen Analyse der wirtschaftlichen Situation eines Unternehmens durch mögliche Geschäftspartner, Kreditgeber und Kapitalmarktanalysten spielen Kennzahlen zur Auswertung von Bilanz und Gewinn- und Verlustrechnung eine wichtige Rolle. Es ist daher wichtig, die Berechnung üblicher Kennzahlen sowie deren Bedeutung nachvollziehen zu können.

Aktiva	Bilanz der Möbel Meier AG zum 31.12. (vor Gewinnverwendung) in €			Passiva		
	Berichtsjahr	**Vorjahr**			**Berichtsjahr**	**Vorjahr**
A. Anlagevermögen			**A. Eigenkapital**			
I. Immaterielle Vermögensgegenstände			I. Gezeichnetes Kapital		4.000.000,00	4.000.000,00
1. Konzessionen, gewerbl. Schutzrechte	125.650,00		II. Kapitalrücklagen		12.000.000,00	12.000.000,00
2. geleistete Anzahlungen	15.256,00		III. Gewinnrücklagen			
II. Sachanlagen			1. gesetzliche Rücklagen		350.000,00	330.000,00
1. Grundstücke und Bauten	4.950.125,00	5.100.320,00	2. andere Gewinnrücklagen		450.000,00	250.000,00
2. technische Anlagen und Maschinen	8.164.081,00		IV. Jahresüberschuss		520.000,00	400.000,00
3. andere Anlagen, BGA	4.255.138,00	10.586.124,00	**B. Rückstellungen**			
B. Umlaufvermögen			1. Pensionsrückstellungen		310.245,00	257.400,00
I. Vorräte			2. Steuerrückstellungen		385.487,00	298.650,00
1. Roh-, Hilfs- und Betriebsstoffe	210.456,00	263.587,00	3. sonstige Rückstellungen		420.450,00	0,00
2. unfertige Erzeugnisse	150.475,00	140.875,00	**C. Verbindlichkeiten**			
3. fertige Erzeugnisse & Handelswaren	458.785,00	450.258,00	1. Verbindlichkeiten gg. Kreditinstituten		330.540,00	120.450,00
II. Forderungen und sonst. Vermögensgegenstände			2. erhaltene Anzahlungen		25.960,00	0,00
1. Ford. aus L+L	856.750,00	952.378,00	3. Verbindlichkeiten aus L+L		1.719.074,00	1.160.843,00
2. sonst. Forderungen	68.740,00	69.520,00	**D. Rechnungsabgrenzungsposten**		45.287,00	15.420,00
III. Wertpapiere						
1. sonstige Wertpapiere	945.263,00	1.025.451,00				
IV. Schecks, Kassenbestände, Guthaben bei Kreditinstituten	325.874,00	215.500,00				
C. Rechnungsabgrenzungsposten	30.450,00	28.750,00				
	20.557.043,00	**18.832.763,00**			**20.557.043,00**	**18.832.763,00**

Ermitteln Sie anhand der Bilanz der Möbel Meier AG (MM AG) für das aktuelle Geschäftsjahr folgende Kennzahlen:

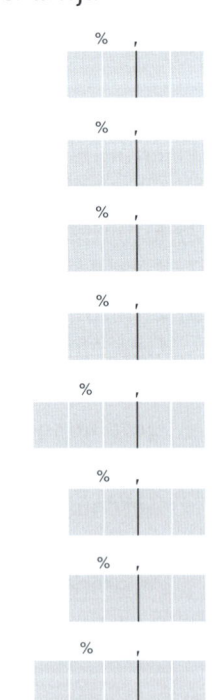

a) Eigenkapitalquote der MM AG

b) Verschuldungsgrad der MM AG

c) Anlageintensität der MM AG

d) Deckungsgrad I der MM AG

e) Deckungsgrad II der MM AG

f) Liquidität 1. Grades

g) Liquidität 2. Grades

h) Liquidität 3. Grades

Beachten Sie bei der Ermittlung der Kennzahlen folgende **Hinweise**:

– Vom Jahresüberschuss werden 50.000,00 € in die gesetzliche Rücklage eingestellt. Der Rest wird in die anderen Gewinnrücklagen eingestellt.

– Bei den Bankverbindlichkeiten handelt es sich ausschließlich um kurzfristige Verbindlichkeiten.

– Runden Sie alle Ergebnisse auf zwei Stellen nach dem Komma!

2)

Gewinn- und Verlustrechnung Möbel Meier AG

	aktuelles Geschäftsjahr in €	Vorjahr in €
Umsatzerlöse	87.250.400,00	86.520.500,00
Bestandsveränderungen	– 1.456.240,00	
sonstige betriebliche Erträge	420.300,00	120.300,00
Betriebliche Erträge	**86.214.460,00**	**86.640.800,00**
Materialaufwand	50.905.173,00	51.005.173,00
Personalaufwand	20.764.262,00	20.764.262,00
Abschreibungen	1.456.937,00	1.456.938,00
sonstige betriebliche Aufwendungen	10.263.460,00	10.063.460,00
Betriebsergebnis	**2.824.628,00**	**3.350.967,00**
Zinserträge	385.400,00	85.400,00
Zinsen und ähnliche Aufwendungen	98.456,00	398.456,00
Finanzergebnis	**286.944,00**	**– 313.056,00**
Ergebnis der gewöhnlichen Geschäftstätigkeit	3.111.572,00	3.037.911,00
außerordentliche Erträge		
außerordentliche Aufwendungen		46.339,00
außerordentliches Ergebnis		– 46.339,00
Steuern	2.591.572,00	2.591.572,00
Jahresüberschuss /-fehlbetrag	**520.000,00**	**400.000,00**

Ermitteln Sie anhand der Gewinn- und Verlustrechnung der Möbel Meier AG für das aktuelle Geschäftsjahr folgende Kennzahlen:

a) Personalintensität der MM AG

b) Materialintensität der MM AG

c) Eigenkapitalrentabilität der MM AG

d) Gesamtkapitalrentabilität der MM AG

e) Umsatzrentabilität der MM AG

f) Cash-flow der MM AG

Beachten Sie bei der Ermittlung der Kennzahlen folgende **Hinweise**:

– Verwenden Sie zur Lösung der Aufgaben c) bis f) auch die Daten aus der Bilanz auf der vorangegangenen Seite!

– Runden Sie alle Ergebnisse auf zwei Stellen nach dem Komma!

Die Müller GmbH stellt Frankiermaschinen für die automatische Postbearbeitung her. Sie sollen die Abgrenzungsrechnung der Müller GmbH vornehmen. Hierzu stehen Ihnen die Kontensalden aus der Finanzbuchhaltung (siehe Tabelle auf der nächsten Seite) sowie folgende Angaben zu den einzelnen Positionen zur Verfügung.

Ermitteln Sie das neutrale Ergebnis und das Betriebsergebnis!

1. Zu den Erträgen aus dem Abgang von Vermögensgegenständen gehört der Gewinn aus dem Verkauf eines Bildes aus dem Büro des Geschäftsführers. Bei diesem Verkauf ist ein Gewinn von 75.000,00 € entstanden.

2. Die Zinserträge stammen aus der Anlage liquider Mittel. Allerdings ist auch ein Betrag von insgesamt 22.450,00 € enthalten, der aus Verzugszinsen säumiger Kunden herrührt.

3. Die Aufwendungen für Rohstoffe enthalten einen Betrag von 35.000,00 €, der für die Folgen eines Wasserschadens im Rohstofflager aufgebracht werden musste.

4. Bei den Aufwendungen für Fremdinstandhaltung entfallen 45.000,00 € auf eine Erneuerung der Elektroinstallation der vermieteten Lagerhalle.

5. Bei den Löhnen entfallen 130.000,00 € auf Mitarbeiter, die für den Mieter der Lagerhalle regelmäßig Leistungen erbringen, die über die Miete abgegolten werden.

6. Bei den Leasingzahlungen handelt es sich um die Zahlungen für die Dienstwagen der Geschäftsführer und der Hauptabteilungsleiter.

7. Die Rechts- und Beratungskosten sind im Zusammenhang mit dem bereits im Vorjahr abgeschlossenen Verkauf einer Tochtergesellschaft in Österreich angefallen.

8. Von den Versicherungsbeiträgen entfallen 2.500,00 € auf die Versicherung der vermieteten Lagerhalle.

9. Die kalkulatorischen Abschreibungen des laufenden Geschäftsjahres sind von der Abteilung „Betriebliches Rechnungswesen" mit 420.000,00 € angegeben worden.

10. Zur Ermittlung der kalkulatorischen Zinsen (Zinssatz von 10 %) stehen Ihnen folgende Angaben zur Verfügung: Anlagevermögen 3.500.000,00 € (davon vermietete Lagerhalle 600.000,00 €), Umlaufvermögen 2.300.000 €, Eigenkapital 3.400.000,00 €, Langfristiges Darlehen 2.000.000,00 €, Verbindlichkeiten aus Lieferungen und Leistungen 400.000,00 €.

11. Kalkulatorische Wagniskosten werden bei der Müller GmbH für das Beständewagnis und das Gewährleistungswagnis ermittelt. Insgesamt hat ein Kollege von Ihnen einen Wert von 285.000,00 € für das laufende Geschäftsjahr berechnet.

12. Zur Ermittlung der kalkulatorischen Miete für die im Eigentum des Unternehmens befindlichen Gebäude greift die Müller GmbH auf die ortsübliche Vergleichsmiete zurück. Demzufolge ist eine Monatsmiete von durchschnittlich 3,50 € pro Quadratmeter bei einer Fläche von 1 900 Quadratmetern anzusetzen.

			Rechnungskreis I		Unternehmensbezogene Abgrenzungsrechnung		Rechnungskreis II			
			Abgrenzungsrechnung				Betriebsbezogene Abgrenzungsrechnung		Kosten- und Leistungsarten	
			Finanzbuchhaltung							
Aufwands-/Ertragspositionen			1	2	3	4	5	6	7	8
Zeile	Konto	Bezeichnung	Aufwend.	Erträge	betriebsfr. Aufwend.	betriebsfr. Erträge	betr. außerordentl. Aufwend.	betr. außerordentl. Erträge	Kosten	Leistungen
1	500	Umsatzerlöse für eigene Erzeugnisse		8.950.400						
2	520	Bestandsveränderungen	456.240							
3	5401	Nebenerlöse aus Vermietung und Verpachtung		250.000						
4	546	Erträge a. d. Abgang von Vermögensgeg.		170.300						
5	548	Erträge aus der Herabsetzung von Rückst.		65.400						
6	571	Zinserträge		185.400						
7	600	Aufwend. f. Rohstoffe und Fertigungsmaterial	2.856.270							
8	601	Aufwendungen für Vorprodukte/Fremdbaut.	925.600							
9	602	Aufwendungen für Hilfsstoffe	398.450							
10	605	Aufwand für Energie	185.633							
11	616	Fremdinstandhaltung	256.300							
12	620	Löhne	1.443.477							
13	630	Gehälter	560.200							
14	650	Abschreibungen	456.937							
15	671	Leasing	54.630							
16	677	Rechts- und Beratungskosten	39.500							
17	680	Büromaterial	75.420							
18	687	Werbung	463.410							
19	690	Versicherungsbeiträge	45.420							
20	700	Betriebliche Steuern	490.980							
21	751	Zinsaufwendungen	48.456							
22	770	Gewerbeertragsteuer	154.000							
23	771	Körperschaftssteuer	286.000							
24										
25										
26										
27										
		SUMME								
		ERGEBNIS								

Die Verteilung der Gemeinkosten auf die Kostenstellen erfolgt mittels eines Betriebsabrechnungsbogens (BAB). Im einstufigen BAB erfolgt lediglich eine Verteilung der Gemeinkosten auf Endkostenstellen. Im mehrstufigen BAB werden die Gemeinkosten dagegen zunächst auf Vor- und Endkostenstellen verteilt und in einem zweiten Schritt die Vorkostenstellen auf die Endkostenstellen abgerechnet. Für diese Verrechnung der innerbetrieblichen Leistungsbeziehungen stehen unterschiedliche Verfahren zur Verfügung.

In dieser Aufgabe wird nur ein mehrstufiger BAB betrachtet, da der einstufige BAB lediglich eine Vereinfachung darstellt, ohne dass sich an der grundsätzlichen Herangehensweise etwas ändert. Zur Lösung der einzelnen Aufgaben können Sie den auf der nächsten Seite abgebildeten BAB verwenden.

Nehmen Sie die Kostenstellenrechnung für die Möbelproduktion Heinrich KG vor! Runden Sie dabei Zwischenergebnisse auf fünf Stellen nach dem Komma und Endergebnisse auf zwei Stellen nach dem Komma!

1) Nehmen Sie, soweit noch erforderlich, die Verteilung der Primären Gemeinkosten (siehe BAB rechts) auf die einzelnen Kostenstellen vor! Beachten Sie hierzu die in der nachfolgenden Tabelle angegebenen Verteilungsschlüssel!

Kostenart	Verteilungs-grundlage	Einheiten						
		Instandhalt.	Fuhrpark	Lager	Material	Produktion	Verwaltung	Vertrieb
Energie	Zähler (kWh)	6,45 Mio.	16,25 Mio.	12 Mio.	10,5 Mio.	35,65 Mio.	8,5 Mio.	6,5 Mio.
Versicherung	Verhältnis	1	3	2	1	4	2	1
Steuern	Verhältnis	1	1	1	1	4	1	1
Kalk. Miete	Verhältnis	1	1	3	1	5	3	1

Die kalkulatorischen Zinsen und die kalkulatorischen Wagnisse werden im Verhältnis des betriebsnotwendigen Vermögens auf die einzelnen Kostenstellen verteilt. Dabei werden für die kalkulatorischen Zinsen ein Zinssatz von 10 % und für die kalkulatorischen Wagnisse ein Prozentsatz von 5,2 % bezogen auf das betriebsnotwendige Vermögen angesetzt. Das betriebsnotwendige Vermögen der einzelnen Kostenstellen ist in der folgenden Tabelle dargestellt.

Betriebsnotwendiges Vermögen (in €)						
Instandhalt.	Fuhrpark	Lager	Material	Produktion	Verwaltung	Vertrieb
250.000,00	720.000,00	2.200.000,00	750.000,00	3.700.000,00	360.000,00	220.000,00

2) Nehmen Sie die Abrechnung der Vorkostenstellen auf die Endkostenstellen anhand der in der Tabelle dargestellten Leistungsbeziehungen vor. Ihnen stehen hierfür das Anbauverfahren und das Stufenleiterverfahren zur Verfügung (siehe auch den Lösungskommentar zu Aufgabe 5.3). Führen Sie die Abrechnung zunächst mit dem Anbauverfahren (auf der nächsten Seite) und anschließend noch einmal mit dem Stufenleiterverfahren (auf der übernächsten Seite) durch. Auf diese Weise werden die Unterschiede zwischen den beiden Verfahren am deutlichsten.

Empf. Stelle / Leist. Stelle	Bezugs-größe	Instand-haltung	Fuhrpark	Lager	Material	Produktion	Verwaltung	Vertrieb	Gesamt-leistung
Instandhaltung	h		650	950	250	9 500	600	400	12 350
Fuhrpark	km			150 000	360 000	180 000	150 000	1 850 000	2 690 000
Lager	m²				30 000	20 000	5 000	60 000	115 000

Lösen der Aufgabe mithilfe des Anbauverfahrens

Kostenart	€	Vorkostenstellen Instandhaltung	Fuhrpark	Lager	Endkostenstellen Material	Produktion	Verwaltung	Vertrieb
Aufw. für Hilfsstoffe	632.100,00	35.000,00	120.000,00	66.500,00	75.000,00	225.600,00	65.000,00	45.000,00
Aufw. für Energie	1.350.000,00							
Fremdinstandhaltung	580.000,00		25.000,00	112.000,00	75.800,00	275.000,00	56.200,00	36.000,00
Gehälter	4.714.700,00	340.500,00	250.600,00	678.000,00	598.000,00	1.387.000,00	825.600,00	635.000,00
Aufw. für Altersversorgung	707.205,00	51.075,00	37.590,00	101.700,00	89.700,00	208.050,00	123.840,00	95.250,00
Aufw. für Kommunikation	560.000,00	12.000,00	56.000,00	84.000,00		22.400,00	112.000,00	273.600,00
Versicherungen	95.400,00							
Betriebliche Steuern	978.500,00							
Kalkulat. Abschreibungen	1.313.000,00	140.000,00	270.000,00	203.000,00	90.000,00	365.000,00	220.000,00	25.000,00
Kalkulatorische Zinsen	820.000,00							
Kalkulat. Wagnisse	426.400,00							
Kalkulatorische Miete	257.600,00							
SUMME primäre GK	12.434.905,00							
Umlage Instandhaltung								
Umlage Fuhrpark								
Umlage Lager								
SUMME prim. & sek. GK								

Lösen der Aufgabe mithilfe des Stufenleiterverfahrens

Kostenart	€	Vorkostenstellen			Endkostenstellen			
		Instandhaltung	Fuhrpark	Lager	Material	Produktion	Verwaltung	Vertrieb
Aufw. für Hilfsstoffe	632.100,00	35.000,00	120.000,00	66.500,00	75.000,00	225.600,00	65.000,00	45.000,00
Aufw. für Energie	1.350.000,00							
Fremdinstandhaltung	580.000,00		25.000,00	112.000,00	75.800,00	275.000,00	56.200,00	36.000,00
Gehälter	4.714.700,00	340.500,00	250.600,00	678.000,00	598.000,00	1.387.000,00	825.600,00	635.000,00
Aufw. für Altersversorgung	707.205,00	51.075,00	37.590,00	101.700,00	89.700,00	208.050,00	123.840,00	95.250,00
Aufw. für Kommunikation	560.000,00	12.000,00	56.000,00	84.000,00		22.400,00	112.000,00	273.600,00
Versicherungen	95.400,00							
Betriebliche Steuern	978.500,00							
Kalkulat. Abschreibungen	1.313.000,00	140.000,00	270.000,00	203.000,00	90.000,00	365.000,00	220.000,00	25.000,00
Kalkulatorische Zinsen	820.000,00							
Kalkulat. Wagnisse	426.400,00							
Kalkulatorische Miete	257.600,00							
SUMME primäre GK	12.434.905,00							
Umlage Instandhaltung								
Umlage Fuhrpark								
Umlage Lager								
SUMME prim. & sek. GK								

Die Sekretariate Siegen KG (S-KG) stellt diverse Erzeugnisse des Bürobedarfs her. Das Betriebsergebnis ermittelt die S-KG im Rahmen der Kostenträgerzeitrechnung nicht nur für den Gesamtbetrieb sondern auch für die einzelnen Produkte bzw. Produktgruppen. Die für die Durchführung der Kostenträgerzeitrechnung erforderlichen Angaben können Sie der Tabelle entnehmen.

	Insgesamt		Erzeugnisgruppen (in €)			
	€	%	Rollcontainer	Briefkörbe	Archivboxen	Ablagesysteme
1. Fertigungsmaterial	19.420.000,00		6.797.000,00	4.855.000,00	3.495.600,00	4.272.400,00
2. Materialgemeinkosten	4.660.800,00					
3. Materialkosten	**24.080.800,00**					
4. Fertigungslöhne	8.520.600,00		2.130.150,00	1.704.120,00	2.130.150,00	2.556.180,00
5. Fertigungsgemeinkosten	10.480.338,00					
6. Sondereinzelkosten Fertigung						
7. Fertigungskosten						
8. Herstellkosten d. Rechnungsperiode						
9. + AB Unfertige Erzeugnisse	560.890,00		280.445,00	56.089,00	123.395,80	100.960,20
10. ./. EB Unfertige Erzeugnisse	450.960,00		135.288,00	90.192,00	99.211,20	126.268,80
11. Herstellkosten der Produktion						
12. + AB Fertige Erzeugnisse	456.800,00		137.040,00	91.360,00	105.064,00	123.336,00
13. ./. EB Fertige Erzeugnisse	968.500,00		242.125,00	271.180,00	145.275,00	309.920,00
14. Herstellkosten des Umsatzes						
15. Verwaltungsgemeinkosten	6.828.794,88					
16. Vertriebsgemeinkosten	5.121.596,16					
17. Sondereinzelkosten Vertrieb						
18. Selbstkosten des Umsatzes						
19. Umsatzerlöse	59.500.000,00		20.825.000,00	14.875.000,00	10.710.000,00	13.090.000,00
20. Betriebsergebnis						

1) Ermitteln Sie das Betriebsergebnis für den Gesamtbetrieb der S-KG sowie die Gemeinkostenzuschlagssätze!

2) Berechnen Sie unter Verwendung der in Teilaufgabe 1) erzielten Ergebnisse das Ergebnis für die einzelnen Erzeugnisgruppen!

3) Berechnen Sie den Anteil, den die einzelnen Erzeugnisgruppen am Umsatz und am Betriebsergebnis der S-KG haben! Runden Sie auf ganze Prozentwerte!

4) Berechnen Sie für die S-KG insgesamt und für die einzelnen Erzeugnisgruppen

a) die Umsatzrentabilität,

b) die Wirtschaftlichkeit!

Fortsetzung nächste Seite

Fortsetzung:

5) Ein Großkunde der S-KG bittet um ein Angebot über 10 000 Stück eines an seine Bedürfnisse angepassten Ablagesystems. Ermitteln Sie anhand der in der nachfolgenden Tabelle angegebenen Daten und unter Verwendung der auf Seite 119 berechneten Zuschlagssätze die Selbstkosten für diesen Auftrag und die Herstellkosten für eines dieser Ablagesysteme!

Fertigungsmaterial	36.400,00 €
Fertigungslöhne	26.000,00 €
Sondereinzelkosten der Fertigung	5.000,00 €
Sondereinzelkosten des Vertriebs	3.500,00 €

Runden Sie Zwischenergebnisse auf fünf Stellen nach dem Komma und Endergebnisse auf zwei Stellen nach dem Komma, sofern keine anderen Anweisungen erteilt werden!

Aufgabe 7.7

Die S-KG (vgl. Aufgabe 7.6) ist darauf angewiesen, die Kostenentwicklung im Laufe des Geschäftsjahres regelmäßig zu überwachen, da in einigen Bereichen des Unternehmens bereits relativ geringe Abweichungen die Wirtschaftlichkeit der Produktion gefährden. Hierfür ist es erforderlich, im Rahmen der Vorkalkulation einen Kostenplan für die einzelnen Kostenstellen aufzustellen.

Sie sollen die Kostenplanung für die Kostenstelle „Zuschneidung" durchführen. Folgende Informationen stehen Ihnen zur Verfügung:

Kostenart	Planmenge	Planpreis je Mengeneinheit in €	Anteil fixer Plankosten
Fertigungslöhne	12 500 h	13,50	0%
Hilfslöhne	890 h	8,45	40%
Energie	16 000 kWh	0,12	35%
Instandsetzung	350 h	75,00	60%
Kalkulat. Abschreibung	15.000,00 €		100%
Kalkulat. Zinsen	5.600,00 €		100%
Sonstige Kosten	9.500,00 €		50%

Fortsetzung nächste Seite

Fortsetzung:

1) Stellen Sie den Kostenplan für die Kostenstelle auf und ermitteln Sie den fixen und den variablen Plankostenverrechnungssatz sowie den Gesamt-Plankostenverrechnungssatz! Gehen Sie dabei von einer Planbeschäftigung von 12 500 Stunden aus (in der Kostenstelle werden mehrere Maschinen gleichzeitig betrieben). Runden Sie auf zwei Stellen nach dem Komma!

Kostenstelle Papierzuschneidung

Geplante Betriebsstunden: 12 500

Kostenart	Planmenge	Planpreis in €	Plankosten in € variabel	fix	gesamt
Fertigungslöhne	12 500 h	13,50			
Hilfslöhne	890 h	8,45			
Energie	16 000 kWh	0,12			
Instandsetzung	350 h	75,00			
Kalkulatorische Abschreibung					
Kalkulatorische Zinsen					
Sonstige Kosten					
	Summe Plankosten				
	Plankostenverrechnungssatz				

2) In der Nachkalkulation haben sich bei einer tatsächlichen Beschäftigung von 11 000 Stunden Istkosten von 220.460,00 € ergeben.

   a) Ermitteln Sie die verrechneten Plankosten!   a)

   b) Bestimmen Sie die Beschäftigungsabweichung!   b)

   c) Bestimmen Sie die Verbrauchsabweichung!   c)

   d) Bestimmen Sie die Gesamtabweichung!   d)

Bildnachweis

Titelbild:

© alexmillos – Fotolia.com

Prüfung? Kein Problem!

**Prüfungs- und Arbeitshilfen
für die kaufmännische Ausbildung**

Sicher in die Abschlussprüfung

Prüfungstrainer
Geschäftsprozesse
Best.-Nr. 609

- alle Aufgabengebiete des Fachs Geschäftsprozesse
- erläuterter Lösungsteil
- 240 Seiten A4

24,50 €

Lernbox
Abschlussprüfung
Bestell-Nr. 205

- Fragen und Antworten zu allen Fächern der Abschlussprüfung
- 575 Lernkarten
- praktische 5-Fächer Lernbox

29,90 €

IHK-Prüfungskatalog
Abschlussprüfung
Best.-Nr. 6100

- Alle Prüfungsthemen in Stichpunkten
- 32 Seiten A4
- Perfekte Checkliste für die Prüfungsvorbereitung

4,90 €

Fit in Buchführung
Best.-Nr. 870

- Informationen, Aufgaben und erläuterte Lösungen auf Grundlage des Industrie- und Großhandelskontenrahmens
- erläuterter Lösungsteil
- 377 Seiten A4

25,90 €

Original IHK-
Abschlussprüfung

Sommer 12   Best.-Nr. 7100112
Winter 12/13 Best.-Nr. 7100212
Sommer 13   Best.-Nr. 7100113
Winter 13/14 Best.-Nr. 7100213

- bundeseinheitlich bis auf Baden-Württemberg
- mit Musterlösungen für die Fächer Steuerung und Kontrolle, Wiso

je 12,10 €

Lösungserläuterungen
IHK-Abschlussprüfung

Sommer 12   Best.-Nr. 560112
Winter 12/13 Best.-Nr. 560212
Sommer 13   Best.-Nr. 560113
Winter 13/14 Best.-Nr. 560213

- Erläuterungen der Lösungen für die Prüfungsfächer Kaufmännische Steuerung und Kontrolle und WiSo
- ausformulierte Lösungsvorschläge für das Fach Geschäftsprozesse

je 9,95 €

Basiswissen

Prüfungstrainer
Fit in WiSo 2
Best.-Nr. 784

- alle Prüfungsthemen in einer Mappe
- erläuterter Lösungsteil
- 396 Seiten A4

24,50 €

Erläuterte Stichworte
Wirtschafts- und
Sozialkunde
Best.-Nr. 72

- mit vielen Grafiken und Tabellen
- mit praktischem Stichwortverzeichnis
- 180 Seiten A4

16,90 €

Prüfung? Kein Problem!

**Prüfungs- und Arbeitshilfen
für die kaufmännische Ausbildung**

Klein und clever

 Clevere Tipps

Die cleveren U-Form-Ratgeber verraten wichtige Tipps und Tricks für die tägliche Berufspraxis, die Berufsschule und die Prüfungsvorbereitung.

- praxisnah und relevant
- einfach zu lesen, leicht zu behalten
- im handlichen Hosentaschenformat
- mit Checklisten zur Prüfungsvorbereitung

Clevere Tipps für die mündl. Prüfung – Industriekaufmann/frau
Best.-Nr. 951 | 80 Seiten A5

8,50 €

Der clevere Formel-Trainer
Best.-Nr. 973 | 144 Seiten A5

12,80 €

Unser Service für Sie

 Kompetent & nett: Unsere Beratung

Bei U-Form werden Sie persönlich und kompetent beraten. Unsere Vertriebsmitarbeiter sowie unser Fachlektorat stehen Ihnen bei Fragen gerne Rede und Antwort. **Probieren Sie es aus: 0212/22207-0.**

 Neu & aktuell: Die Downloads

Ändern sich rechtliche Rahmenbedingungen oder hat sich mal ein Fehler eingeschlichen – mit den U-Form Downloads halten wir Sie stets auf dem aktuellen Stand. Den passenden Link dazu finden Sie in dem jeweiligen Prüfungstrainer.

 Praktisch & bequem: Das Prüfungsabo

Sie bestellen regelmäßig die aktuellen IHK Prüfungen? Machen Sie es sich doch bequem, nutzen Sie unseren Abo-Service. Wir schicken Ihnen die Prüfungen, die Sie brauchen – und erläuterte Lösungen bekommen Sie portofrei noch dazu. Der Service ist kostenfrei und natürlich jederzeit kündbar. **Das passende Bestellformular finden Sie unter www.u-form.de/abonnement**

 Gezielt trainieren: die Rettungspläne

Was ist die Grundlage jedes erfolgreichen Trainings? Ein Trainingsplan. Was ist die Grundlage einer erfolgreichen Prüfungsvorbereitung? Die U-Form Rettungspläne. In acht Wochen lernen und wiederholen Sie strukturiert den gesamten Prüfungsstoff. **Die Rettungspläne können Sie kostenlos unter www.u-form-shop.de/rettung herunterladen.**

 Frag uns auf Facebook

Sie haben eine konkrete inhaltliche Frage oder möchten uns etwas mitteilen? Fragen Sie uns auf Facebook – und Sie bekommen garantiert eine Antwort. Klicken Sie los unter **www.facebook.de/pruefungscheck**

 Fair und transparent: Die Versandkosten

Unsere Versandkostenpauschale beträgt 5,90 €. Warum? Weil wir für Kostentransparenz und faire Bezahlung von Lieferdiensten einstehen. Die Versandkosten sind nicht in der Produktkalkulation enthalten, sondern werden da berechnet, wo sie entstehen.

 Für Eilige: Der Premiumversand

Sie haben es mit Ihrer Bestellung besonders eilig. Gerne helfen wir Ihnen weiter und behandeln Ihre Bestellung vorrangig. Diesen Mehraufwand stellen wir Ihnen mit 5,50 € in Rechnung. Dafür verlässt Ihr Paket bei Bestellungen vor 12 Uhr (freitags 10 Uhr) am gleichen Arbeitstag per DHL unser Haus.

 Einfach und bequem bestellen

Bei uns können Sie so bestellen, wie Sie es möchten:

per Telefon: **0212 22207-0**
per Telefax: **0212 208963**
per E-Mail: **uform@u-form.de**
Internet: **www.u-form.de**

Erläuterung der Zeichen:

 Prüfungstrainer

 kleiner Ratgeber

 ergänzendes Angebot

 IHK-Prüfungen

 IHK-Kataloge

 Lösungen

 Spar-Pakete

 CD-Rom

Absender/Stempel (genaue Versandanschrift)

E-Mail

Datum/Unterschrift

U-Form Verlag
Hermann Ullrich GmbH & Co.
Cronenberger Straße 58
42651 Solingen

<u>Bitte</u> achten Sie darauf, dass Sie <u>nur auf einem Weg bestellen</u>, um Doppellieferungen zu vermeiden.

Telefon 0212 22207-0 oder **Fax 0212 208963** oder **E-Mail: uform@u-form.de** oder **Internet: www.u-form.de**

Titel	Bestell-Nr.	Anzahl	Einzel-preis	Gesamt-preis

Preise einschließlich Mehrwertsteuer (außer bei Einstellungstests), zuzüglich Versandkostenpauschale von 5,90 €, Angebot freibleibend

☐ Eilservice 5,50 €

Summe

Zusätzlich möchte ich einen kostenlosen Prospekt zu den angekreuzten Themen:

☐ Automobilkaufmann/-frau
☐ Bankkaufmann/-frau
☐ Bürokaufmann/-frau
☐ Florist/Floristin
☐ Gastgewerbe
☐ Industriekaufmann/-frau
☐ Immobilienkaufmann/-frau

☐ IT-Berufe
☐ Kfm./Kffr. f. Bürokommunik.
☐ Kfm./Kffr. für Versicherungen und Finanzen
☐ Kfm./Kffr. im Einzelhandel Verkäufer/in
☐ Kfm./Kffr. im Groß- und Außenhandel

☐ Kfm./Kffr. f. Spedition und Logistikdienstleistung
☐ Einstellungstests
☐ Kfm. Allgemein
☐ AkA/IHK Veröffentlichungen